墨香财经学术文库

U0674658

媒介融合背景下学术期刊高质量发展研究

Research on High-Quality Development of Academic
Journals in the Context of Media Convergence

孙艳 著

东北财经大学出版社
Dongbei University of Finance & Economics Press
大连

图书在版编目（CIP）数据

媒介融合背景下学术期刊高质量发展研究 / 孙艳著. 一大连：东北财经大学出版社，2024.4

（墨香财经学术文库）

ISBN 978-7-5654-5059-4

Ⅰ.媒… Ⅱ.孙… Ⅲ.学术期刊－传播媒介－研究 Ⅳ.G237.5

中国国家版本馆CIP数据核字（2023）第255755号

东北财经大学出版社出版发行

　大连市黑石礁尖山街217号　邮政编码　116025

　网　　址：http：//www.dufep.cn

　读者信箱：dufep@dufe.edu.cn

大连图腾彩色印刷有限公司印刷

幅面尺寸：170mm×240mm　字数：170千字　印张：11.75　插页：1

2024年4月第1版　　　2024年4月第1次印刷

责任编辑：李　彬　赵　楠　　责任校对：贺　力

封面设计：原　皓　　　　　　版式设计：原　皓

定价：68.00元

教学支持　售后服务　联系电话：（0411）84710309

版权所有　侵权必究　举报电话：（0411）84710523

如有印装质量问题，请联系营销部：（0411）84710711

本书获得东北财经大学出版基金资助（项目批准号：zzzz20220206）；本书为辽宁省教育厅面上项目"出版深度融合背景下学术期刊高质量发展研究"（项目批准号：LJKMR20221577）研究成果。

前言

　　媒介融合是在数字技术和网络技术推动下，逐渐在全球传媒业中出现的一种融合实践。自媒介融合引入中国，经历了从学术界的理论研究到媒体机构的具体实践，成为当前传统媒体转型的热门话题。国内学者对媒介融合的界定是参考国外媒介融合实践而提出的综合性概念。"媒介融合"是指在以数字技术、网络技术和电子通信技术为核心的科学技术的推动下，组成大媒体业的各产业组织在经济利益和社会需求的驱动下通过合作、并购和整合等手段，实现不同媒介形态的内容融合、传播渠道融合和媒介终端融合的过程。

　　在媒介融合背景下，传统学术期刊可以为新媒体提供优质的内容资源，新媒体可以为传统学术期刊内容资源的优化与再利用提供技术支持，因而应在充分发挥新旧媒体各自优势的基础上推进出版融合。出版融合是出版业发展的方向，也是实现学术期刊高质量发展的重要抓手，而推进学术期刊高质量发展则是建设出版强国和文化强国的内在要求。在加快推进出版融合发展的背景下，如何实现学术期刊高质量发展，成为学术界和期刊界需要思考的重要课题。

推进学术期刊融合发展是响应国家顶层设计和顺应行业发展的必然选择，也是实现学术期刊高质量发展的必经之路。本书立足媒介融合背景，结合自身在学术期刊业的从业实践，对学术期刊发展现状和媒介融合实践进行研究，探讨学术期刊的融合发展模式和高质量发展路径。

本书的理论贡献和实践意义如下：第一，构建媒介融合和学术期刊高质量发展的理论分析框架，以一种新的研究范式来审视学术期刊高质量发展，尝试建构学术期刊融合发展的本土理论与实践体系，以期拓展学术期刊研究的理论视野和研究层次。第二，学术期刊在加快自身融合发展的同时，积极借助大型期刊数据库等外部技术资源和力量。目前，多数学术期刊仍处于融合发展的探索阶段，融合模式单一，没有形成稳定、可持续的融合模式。因此，本书尝试通过典型案例分析，为学术期刊融合模式选择和数字化转型提供经验借鉴，并从加强优质内容出版能力建设、推动学术期刊深度融合发展和提升学术期刊编辑工作质量等方面推进学术期刊高质量发展。

媒介融合的本质是融合创新，融合的目的在于实现学术期刊资源的优化配置，从而实现学术期刊高质量发展。由于研究数据难以获取，加之学术期刊媒介融合的成功案例较少，因此在一定程度上限制了本书的研究范围和深度。随着媒介融合的深入发展，未来可以对学术期刊媒介融合和高质量发展的典型案例和相关数据进行持续追踪，以进一步拓展媒介融合背景下学术期刊高质量发展的研究深度和广度。

于我而言，写作本书是一个学习和成长的过程，这本书也是我入行十二载努力和付出的成果之一。我深感自己的研究水平还有诸多不足之处，恳请学界同仁不吝指正，希望本书能够产生抛砖引玉的效果，激发后续研究者更多的思考和探索。

在本书的写作过程中，我有幸得到了杨全山编审、刘艳编审、韩淑丽编审的悉心指导，靳继东教授、王海威教授的鼎力相助。本书得到了东北财经大学优秀学术专著出版资助和东北财经大学出版社的支持。在此，一并致以深深的谢意。最后感谢我的先生和儿子，感谢他们的理解、鼓励和陪伴，本书的顺利出版也离不开他们的支持。

孙　艳

2023 年 11 月

▌目录

1 绪论

1.1 研究背景

媒介融合是实现学术期刊高质量发展的重要抓手，而推进学术期刊高质量发展则是建设出版强国和文化强国的内在要求。如何实现学术期刊高质量发展是学术界和期刊界需要思考的重要课题。

1.1.1 互联网为媒介融合奠定了坚实的基础

1997 年，中国互联网络信息中心（CNNIC）牵头组织开展中国互联网发展状况统计调查，定期发布《中国互联网络发展状况统计报告》。2002—2022 年的《中国互联网络发展状况统计报告》描绘了中国互联网的宏观发展状况，记录了中国互联网的发展脉络，见表 1-1。

表1-1　　　　　　2002—2022年中国互联网发展状况

日期	网民规模（亿人）	互联网普及率（％）	手机网民规模（亿）	网站数（万）	网民人均每周上网时长（小时）
2002.12	0.6	4.6	—	37.1	9.8
2003.12	0.8	6.2	—	62.7	13.4
2004.12	0.9	7.2	—	66.9	13.2
2005.12	1.1	8.5	—	69.0	15.9
2006.12	1.4	10.5	0.2	84.0	16.9
2007.12	2.1	16.0	0.5	150.0	16.2
2008.12	3.0	22.6	1.2	288.0	16.6
2009.12	3.8	28.9	2.3	323.0	18.7
2010.12	4.6	34.3	3.0	191.0	18.3
2011.12	5.1	38.3	3.6	230.0	18.7
2012.12	5.6	42.1	4.2	268.0	20.5
2013.12	6.2	45.8	5.0	320.0	25.0
2014.12	6.5	47.9	5.6	335.0	26.1
2015.12	6.9	50.3	6.2	423.0	26.2
2016.12	7.3	53.2	7.0	482.0	26.4
2017.12	7.7	55.8	7.5	533.0	27.0
2018.12	8.3	59.6	8.2	523.0	27.6
2020.3	9.0	64.5	9.0	—	30.8
2020.12	9.9	70.4	9.9	443.0	26.2
2021.12	10.3	73.0	10.3	418.0	28.5
2022.12	10.7	75.6	10.7	387.0	26.7

资料来源：作者根据《中国互联网络发展状况统计报告》相关数据整理所得。

注：限于与本书相关的统计指标不全，统计时间从2002年开始。受新冠疫情影响，2021年底《中国互联网络发展状况统计报告》的电话调查截止时间为2020年3月，故数据截止时间调整为2020年3月。

从表1-1可以看出，网民规模、互联网普及率、手机网民规模和网民人均每周上网时长等衡量互联网发展状况的指标整体上呈逐年上升趋势。截至2022年12月，中国网民规模为10.7亿，互联网普及率为75.6%，手机网民规模为10.7亿，网民人均每周上网时长为26.7个小时。庞大的网民规模、较高的互联网普及率和网民人均上网时长为媒介融合和数字出版奠定了坚实的基础。

互联网时代，网络技术和数字技术呈现出明显的裂变式发展，"互联网+"的概念逐渐向各个行业渗透。网络和数字技术与出版的融合产生了数字出版，数字出版的诞生适应了互联网时代内容生产模式变革的时代背景，是传统期刊业转型变革的主要方向。作为期刊业的重要力量，学术期刊应积极主动地参与到媒介融合发展之中。为此，政府部门、期刊界和学术界围绕媒介融合、数字化转型和学术期刊质量等问题展开了深入探讨，为学术期刊实现高质量发展作出了很多努力和尝试。

1.1.2 媒介融合背景下学术期刊面临的挑战

中国的学术期刊通常由高等院校、科研院所和学术团体主办，最初基本上是为介绍本单位的科学研究成果而设立的。由于体制及历史原因，学术期刊可能存在办刊机制及相关评价体系固化、市场竞争力弱、办刊队伍缺乏有效联动和部分编辑媒介融合意识不强等问题，这在一定程度上制约着学术期刊的发展。

（1）办刊机制及相关评价体系固化

学术期刊的创办和管理需要经过行政审批，并接受主管主办单位的领导，因而具有行政化特点。学术期刊大多由高等院校或科研院所主办，无论是编辑部体制、出版社体制还是研究院体制，办刊经费、人员配置、期刊类型等办刊机制基本固化，"全、散、小、弱"等问题限制了学术期刊与新媒体融合发展的深度。同时，学术期刊在一定程度上相当于主办单位的边缘部门，往往被视为教学和科研的附属部门，部分主办单位对学术期刊的依附性、服务性和边缘性等特点形成了思维定势。一部分学术期刊的办刊经费主要由主办单位拨款，在扣除基本办刊经费后很难抽出经费进行技术和新媒体人员等方面的投入。这导致多数学术期刊存在办刊经费紧张、队伍建设和人才培养滞后等问题，从而在很大程度上制约了学术期刊融合发展进程。

学术期刊评价体系和学术评价体系固化也不利于学术期刊融合发展。一方面，现有学术期刊评价体系既没有把新媒体发展指标纳入进去，也没有建立针对网络出版内容的学术质量和编校质量考核制度；另一方面，国内学术评价体系只认可发表在有统一刊号的学术期刊上的论文，没有将发表在新媒体平台上的论文纳入科研成果统计、职称评聘、评奖评优方面。这对编辑人员和作者等积极参与新媒体融合缺乏有效的激励约束机制，使得学术期刊与新媒体融合缺乏动力，从而阻碍了学术期刊的融合步伐和效果。

（2）市场竞争力弱

学术期刊的学术性和专业性决定了其读者对象的有限性，加上网络环境下订阅下载所需文献更便捷、更实惠，导致学术期刊发行量不大。同时，学术期刊社人、财、物的支配权以及经营自主权大多由上级专管主办部门控制，导致其很难作为经营主体投身市场，进行市场化运作。因此，发行量小和市场竞争力弱成为困扰学术期刊发展的重要问题之一。学术期刊社一般除编辑部和办公室外，并未设立发行部和市场部等专门从事期刊发行、广告和外联的部门。市场经济体制把学术期刊推向市场，网络环境进一步打破了学术期刊的封闭状态，促使其直接面对与其他学术期刊、其他出版物的竞争。

（3）办刊队伍缺乏有效联动

首先，部分学术期刊编辑部缺乏专门的主编责任制度，未能有效发挥主编对编委会的管理作用。其次，由于过度注重行政职务或学术身份，忽视了编委会成员对期刊工作的实际参与度，从而导致部分学术期刊存在编委会结构不合理等问题。加上很多学术期刊仍采用编辑部办刊模式，编委会成员很少积极主动参与期刊工作，编辑部与编委会之间缺乏有效联动。最后，学术期刊编辑人才匮乏，主要原因是学术期刊编辑部边缘化和待遇低等。相较于教学和科研人员，编辑人员属于边缘群体。由于编辑人员待遇低和晋升难，编辑人才引进不足和流失严重，极大地制约了学术期刊深度融合发展。

（4）部分编辑媒介融合意识不强

网络信息时代，学术期刊的编辑除具备扎实的学科专业知识、过硬的业务素质外，还应熟练掌握计算机和网络技术，并具备较高的信息感知能力。在现有管理体制下，学术期刊主要由上级主办部门全额拨款，部分编辑不能熟练掌握并运用计算机和网络技术，难以将网络技术应用到编辑出版工作中。网络是一个巨大的信息资源库，需要编辑准确客观地予以识别和选择，以达到去伪存真，去粗取精。网络环境改变了学术期刊编辑传统的工作方式，要求编辑能认识到媒介融合对编辑出版乃至期刊发展的重要性，掌握期刊编辑流程的数字化处理能力，对媒介融合保持高度敏感性，并将数字化处理能力贯穿到选题策划、组稿、审稿和编辑加工等一系列具体实践工作中。目前，许多编辑仍沿袭传统的工作方式，媒介融合意识不强，学术期刊质量得不到改进。在媒介融合时代，编辑流程的运作模式和操作方式都需要有很大的改变。传统的学术期刊编辑主要涉及选题策划、组稿审稿、编辑校对等工作。随着信息技术的普及，期刊采编系统和自动排版系统成为学术期刊发展的必然选择，公众号和知网优先出版等成为学术期刊正式出版前的重要传播渠道，这些数字化出版的流程和内容也纳入了编辑的工作范围，这也对编辑的数字化工作能力提出了新的要求。

1.1.3 媒介融合背景下学术期刊的发展机遇

网络为学术期刊改进编辑出版方式提供了技术和资源，有利于其在选题策划、组稿、审稿、编辑加工和出版发行等环节实现由传统封闭方式向现代开放方式的转变。

（1）优化选题，提高组稿效率

目前，学术期刊的选题存在重复和跟风现象，缺乏创新性和突破性。网络资源信息量大、时效性快和查询便捷等特点改变了学术期刊选题策划的方式和手段，编辑通过使用搜索引擎可以快速查询、浏览相关专业数据库和网站，了解国内外相关专业的最新学术动态和热点问题，结合学术期刊的办刊宗旨和特色，对搜索到的信息进行分析和整理，进而确定选题方向，从而避免选题陈旧落后和雷同等现象。编辑还可以通过网络电子公告、邮件和微信等方式与专家学者就选题展开讨论和交流，在征集意见的同时，还能增进与他们之间的感情，从而为组稿打下基础。选题确定后，可以利用网络了解相关科研人员和专家学者的信息，有的放矢地进行约稿，从而提高组稿效率。

（2）提高审稿准确度，缩短审稿周期

学术期刊的审稿通常采用三审制，即初审（含专家外审）、复审和终审。责任编辑初审时要对稿件的政治导向、选题、框架、内容、方法、体例和文字等进行全面审查和研究。由于专业限制，编辑对与自己所学专业不同的稿件很难作出准确判断。通过专业数据库和网站，可以找到大量与稿件相关的文章和资料，经过分析比较，从而对稿件的真实性、创新性、时效性和科学性作出比较准确的评价。以社科期刊学术不端文献检测系统为例，登录该系统后上传稿件，可以发现稿件是否存在抄袭现象，是否有创新性等。编辑可以清楚地看到作者借鉴引用了他人哪些观点，自己在哪些方面进行了深入研究，得到了哪些新的结论。通过检测，编辑可以将重复率高、缺乏创新的稿件直接淘汰，不必进行下一环节的审稿，极大地提高了审稿速度，同时也节约了经费。对于通过上述系统检测的稿件，再通过方正审校系统进行审校，从字词、标点符号、文章逻辑、上下文查重、敏感词和专业术语等方面进行初步判断。由于编辑对稿件中的学术理论问题或专业性很强的问题难以把握，需要请相关专业的专家进行外审。利用网络遴选外审专家，突破了地域方面的局限性，扩大了选择范围，全国高等院校、科研院所的专家学者都可以成为学术期刊选择的对象，实现了工作模式由封闭性到开放性的转变。同时，网络遴选专家的有效性非常强，通过网络查询，可以获得外审专家的姓名、单位、职称、研究方向、已发表的文章、主持的科研项目和联系方式等信息。这些信息有助于编辑找到专业对口的外审专家，进而缩短审稿周期。此外，当三审通过后，在编辑加工前，应再次通过社科期刊学术不端文献检测系统对稿件进行查询，以避免重复发表现象。

（3）便于编辑与作者沟通，提高编校质量和编校效率

编辑加工是对已经决定采用的稿件再次从各方面进行审核并作出修

改润饰和规范化处理的活动，主要内容包括消灭差错、润饰提高、规范统一和其他工作。对此，编辑可以充分利用网络审查核实专业术语的准确性，纠正稿件中修辞语法方面的错误以及补充稿件中的缺失内容。以文后参考文献为例，由于很多作者对参考文献的著录要求不了解，经常存在著录项目缺失、格式不正确等问题。对此，编辑可以利用网络查询补齐缺失项，如专著的出版社所在地、期刊的卷和期以及引文页码等，并参照国家出版标准和规范修改著录格式。编辑将排版后的电子稿通过网络发送给作者，经作者校对确认的稿件重新排版后，再进行编辑加工。网络更有利于编辑与作者之间的沟通，极大地提高了学术期刊的编校质量和编校效率。

（4）拓展出版发行渠道，扩大学术期刊影响力

学术期刊的传统发行方式是纸质版发行，这种发行方式存在发行量小、时效性差和利用率低等问题。要摆脱上述困境，必须拓展出版发行渠道。因此，除了发行纸质期刊外，还可以发行电子期刊和数字期刊。电子期刊的载体主要包括软磁盘、只读光盘和集成电路卡等，从而把"通过互联网传送"排除在传播途径之外。数字期刊是通过互联网发布、有固定名称的连续出版物。其来源主要如下：一是从纸质期刊转换而来；二是在网络上直接发布的新采编内容。发布形式如下：一是以单本期刊为单位传播、发布；二是以数据库方式存储，以单篇稿件为单位发布。其中，国内比较知名的数据库有中国知网学术文献总库、中文科技期刊数据库和万方数据库等。学术期刊应积极加入这些大型数据库，扩展出版发行渠道的同时，扩大学术期刊的传播范围。非常值得一提的是，通过公众号推送单篇或整期稿件的方式已成为目前非常受欢迎的数字化传播渠道。与纸质期刊相比，数字期刊具有成本低、出版周期短、发行速度快和检索方便等优点。因此，出版发行数字期刊可以扩展读者群和作者群，学术期刊的知名度也将大大提高。此外，可以充分利用网络进行宣传，扩大学术期刊的影响力。在自己的网站和公众号上，通过发布期刊介绍、发展历程、投稿须知和最新公告等，让作者、读者和专家全面了解学术期刊的各种情况，进而提高学术期刊的影响力。

1.1.4 媒介融合背景下学术期刊的发展方向

2014 年 8 月，中央全面深化改革领导小组第四次会议审议通过了《关于推动传统媒体和新兴媒体融合发展的指导意见》。习近平总书记强调，推动传统媒体和新兴媒体融合发展，要遵循新闻传播规律和新兴媒体发展规律，强化互联网思维，坚持传统媒体和新兴媒体优势互补、一体发展，坚持先进技术为支撑、内容建设为根本，推动传统媒体和新兴媒体在内容、渠道、平台、经营、管理等方面的深度融合。中央关于传统媒体与新兴媒体融合发展的顶层设计，是新兴媒体的发展机遇，也是传统媒体的转型方向。这意味着业界谈论多年的"媒体融合"进入最高决策层，对媒体融合的支持首次上升到国家层面。传统媒体无论从社会责任还是自身生存发展考虑都需要拓展新的平台。《关于推动传统媒体和新兴媒体融合发展的指导意见》出台后，迅速得到中央媒体和地方媒体的纷纷响应，展开了从指导思想到具体操作等多个层面的讨论。伴随媒体格局的重大调整和舆论导向的深刻变化，新兴媒体发展速度之快、覆盖范围之广超乎想象，并给传统媒体带来很大冲击。与此同时，网络化和数字化为传统媒体转变发展模式提供了新技术和新资源。

2021 年 6 月，中宣部、教育部、科技部联合印发《关于推动学术期刊繁荣发展的意见》。上述意见提出，学术期刊是开展学术研究交流的重要平台，是传播思想文化的重要阵地，是促进理论创新和科技进步的重要力量。2022 年 4 月，中宣部围绕加快推动出版深度融合发展，构建数字时代新型出版传播体系，坚持系统推进与示范引领相结合的总体思路，制定并印发《关于推动出版深度融合发展的实施意见》。2022 年 6 月，国家新闻出版署印发的《出版业"十四五"时期发展规划》提出，推动出版业高质量发展是"十四五"时期出版业发展的主题。

媒介融合从一开始就是从传统媒体的立场出发的，通常被认为是传统媒体与网络新兴媒体之间的融合，融合的过程是传统媒体将其传统优势资源向新兴媒体市场转移。学术期刊从业者思考未来媒介形态该何去何从，但学术期刊诸多融合实践多处于分散和自发状态。国内学术期刊界对媒介融合的理论研究处于起步阶段，采用的研究方法和技术路线大部分源于对国外成果的借鉴，尚未形成一个独立、完善的分析框架和体系。本书立足媒介融合背景，结合作者在学术期刊业的从业实践，对传统学术期刊的发展现状和媒介融合实践进行研究，探讨媒介融合背景下学术期刊高质量发展问题，可以丰富媒介融合领域的文献，对于推动学术期刊数字化转型和实现学术期刊高质量发展具有现实指导意义。

1.2　相关研究概述

1.2.1　媒介融合

（1）"媒介融合"概念及相关问题综述

为了准确把握媒介融合的内涵和外延，首先要明确两个基本概念：一是媒介不同于媒体，许多学者将媒介融合等同于媒体融合，其实不然。媒介是信息传播的物质载体，是将信息生产者和信息接受者连接起来的渠道；媒体是向信息传播的组织机构，涵盖了从信息采集、加工到信息传播的整个过程。二是融合不同于整合或合并。

在国外研究文献中，"媒介融合"（media convergence）一词也被表述为"融合"（convergence）。一般认为，"融合"的概念最早由美国麻省理工学院的普尔于1983年提出的，其含义为"各种媒介呈现出多媒体一体化的趋势"。20世纪90年代末，菲德勒提出广播和动画业、电脑业、印刷以及出版业三个领域会逐步趋于融合。尼曼提出"大媒体"的概念，认为传媒业、电信业和信息业都将统合到大媒体产业之下。从目前国内有关媒介融合的研究文献引用情况来看，上述研究虽然并未系统探讨媒介融合的成果，却对中国媒介融合研究具有一定的启发意义，也奠定了中国早期媒介融合的理论基础。

国内学者一般认为"媒介融合"作为学术概念最早是由蔡雯于2004年引入国内的。但实际上早在1999年崔保国已经介绍了西方"媒介融合"的概念。但蔡雯（2009）的文章被引用频次较高，而且明确指出"媒介融合是指在数字技术、网络技术和电子通信技术为核心的科学技术的推动下，组成大媒体业的各产业组织在经济利益和社会需求的驱动下通过合作、并购和整合等手段，实现不同媒介形态的内容融合、传播渠道融合和媒介终端融合的过程"。此外，宋昭勋（2006）以及孟建和赵元珂（2006）也是国内较早研究媒介融合问题的学者。王菲（2007）从生产形态融合、行业融合、政策融合、组织融合、管理融合和技术融合等维度，对媒介融合进行了深入探讨。

（2）学术期刊领域的媒介融合

国内外学者最初谈及媒介融合时，主要关注电信业、计算机业与广播电视业的融合，但从理论和实践层面来看，目前媒介融合已经涉及出版业。1978年，尼葛洛庞帝通过图例演示了计算机业、出版印刷业和广播电视业三个相互交叉的圆环的聚合过程，被认为是媒介融合的雏形，这表明媒介融合在最初阶段就与印刷出版业密切相关。Eres（1983）指出，电信、数据处理、广播电视和出版等产业不再彼此孤立。早期学者们认为，电子出版就是出版业在媒介融合时代的一种表现形式。2008年，国家新闻出版总署发布的《电子出版物出版管理规定》指出，电子出版物是以数字化代码方式将图文声像等信息编辑加工后存储在磁、光、电介质上，通过计算机或者具有类似功能的设备读取使用，用以表达思想、普及知识和积累文化，并可复制发行的大众传播媒体。围绕媒介融合和数字出版，出现了一批具有代表性的研究文献。Gibbins（1984）对电子出版进行了较为详细的探讨，他指出，信息产品达到印刷产品的市场接受程度，信息产品和服务满足大众消费市场的信息需求时，才真正可以说我们处于电子出版的商业模式中。Cooke（2005）基于40年的知名报纸、有线电视新闻节目和新闻网站为研究样本指出，印刷出版媒介、电视和互联网正趋于视觉融合。

2014年前后，学术期刊领域的媒介融合研究不断涌现。周白瑜等（2013）分析了科技期刊在媒体融合时代面临的机遇与挑战，并提出了相应的对策。郭晓亮等（2014）认为媒体融合背景下学术期刊自身的努力与政府的政策支持相辅相成，提出了优化学术期刊政策环境的对策建议。邓美艳等（2014）介绍了国内外媒体融合的现状，分析了媒体融合背景下学术期刊的现状与问题，并给出了相应的发展对策。郭雨梅等（2014）认为媒体融合给学术期刊带来新的挑战，学术期刊应选择切实可行的发展路径，借助媒体融合之力实现自身的可持续发展。吉海涛等（2015）探讨了学术期刊新媒体产业联盟的组建方式、运行模式、风险防范及保障机制，并论证了其相对于传统运行模式的优势。戴世富和韩晓丹（2015）对媒介融合背景下网络学术平台和专业学术期刊间的竞合关系进行解读，从功能定位、传播效果等方面对二者进行了比较，并对传统出版与数字出版的协同立体出版进行了探讨。谢暄等（2017）指出，学术期刊融合发展是大势所趋，应优化采编发流程，强调内容融合程度，建立人才引进与培养机制，进行多机构协同创新，以进一步增强学术成果传播效果和提升学术期刊影响力。张海生等（2018）指出，学术期刊融合发展经历了刊网互动、刊网融合和新媒体融合三个阶段，应保持形式融合与内容生产的平衡，注重培育学术期刊的核心竞争力和品牌特色，理顺国际化与本土化的关系。

1.2.2　学术期刊数字化转型

从出版实践来看，在学术界探讨媒介融合的概念之前，中国出版界已经在数字化转型方面开始了积极尝试。就数字化转型而言，业界谈论更多的可能是数字出版的概念。《关于加快我国数字出版产业发展的若干意见》指出："数字出版是利用数字技术进行内容编辑加工，并通过网络传播数字内容产品的一种新型出版方式，其主要特征为内容生产数字化、管理过程数字化、产品形态数字化和传播渠道网络化。目前数字出版产品形态主要包括电子图书、数字报纸、数字期刊、网络原创文学、网络教育出版物和手机出版物等，数字出版产品的传播途径主要包括有线互联网、无线通信网络和卫星网络等。"

莫明远（2012）指出，数字出版是出版业与高新技术结合产生的新兴出版业态，其主要特征是内容数字化、管理过程数字化、产品形态数字化和传播渠道数字化。聂振宁（2010）指出，数字出版包括传统出版的数字化和数字化出版两个层面。数字出版的主体应该是传统出版单位，如果数字出版的主体一直是 IT 企业，传统出版业很可能成为小众媒体，其作用和功能将会逐渐被新媒体和新业态所取代。王勤（2011）指出，传统媒体和传播业对新媒体作品的本质属性认识严重不足，特别是对新媒体消费人群的数字消费习惯了解不够，导致许多作品仅仅完成传统纸质作品的数字化，而不是针对不同媒体终端用户的使用需求进行开发，内容组织、呈现形式和消费模式等都缺乏创新，与用户需求匹配度不高。因此，数字化资源存量大，但点击率、传播率和影响力都不高。

　　数字化时代对学术期刊产业形态的研究非常薄弱，基本没有对学术期刊数字化转型战略的全面论述，现有相关研究大多是现象描述和个案研究，理论深度不够。任全娥（2012）梳理了数字化学术期刊的产业链条，探索合作各方的共赢模式。产业链的主要节点包括内容提供商、技术提供商和服务提供商，要实现产业链上各节点之间的合作共赢，制度供给模式、技术实现模式和个性化服务模式必须配套实施。祝兴平（2015）总结了中国近十年来期刊产业数字化传播的基本特点和演进过程，探索期刊产业数字化转型的趋势和规律。艾岚（2012）指出，期刊数字化经过十多年的发展面临版权纠纷和数字化人才不足等问题，应尝试多元化的版权管理方式，走产学研互动之路，为出版产业培养后备人才，探索开放存取的数字化出版模式。曾绚琦（2013）指出，数字化传播是学术期刊发展的必然方向，学术期刊的体制改革应与数字化转型相结合。朱剑（2014）指出，传统学术期刊可以直接向新媒体转型，辅之以与新媒体融合发展，但观念、体制、资金和人才等瓶颈制约学术期刊的数字化进程，因而需要更新办刊观念、改革期刊体制、加大资金投入和选拔合适人才力度。

1.2.3　产业融合与政府规制

　　20世纪80年代末至90年代初期，国外已经有一些关于融合、数字融合或产业融合的讨论。1994年，美国哈佛大学商学院举办了第一次关于产业融合的学术论坛——"冲突的世界：计算机、电信以及消费电子学"。1997年6月，加州大学伯克利分校召开题为"在数字技术与管制范式之间搭桥"的会议，对产业融合和相关的规制政策进行了讨论。这表明产业融合作为一种经济现象开始受到广泛关注。

　　然而，对产业融合真正展开深入的学术研究是从20世纪90年代中期开始的。这些研究主要集中于电信、广播电视和出版等已经显现的产业融合现象，并大多以案例剖析和描述性分析为主（周振华，2003）。1997年，欧洲委员会颁布的绿皮书深入分析了融合现象，讨论了如何制定适应产业融合趋势的政府规制政策，阐述了规制的公共利益目标、未来的规制模式选择以及规制在国际层面可能引发的问题等（European Commission，1997）。Ono和Aoki（1998）构建了一个理论框架，阐述了电信、广播电视和出版等产业间的融合过程。一方面，信息传输平台从专用平台向通用平台转换；另一方面，信息传递的宽带需求从低宽带需求向高宽带需求转换，反映了产业融合的基本方向。普林格尔等（2004）以及阿尔巴朗（2005）考察了产业融合之初美国传媒规制政策的早期调整过程。

国内相关研究的起步较晚，初始研究主要是介绍西方产业融合现象、规制政策的调整，或者对国内外产业融合理论进行评述。随后，国内学者开始对产业融合展开理论和应用研究。一些文献关注了产业融合对产业组织政策、规制政策的影响。王松茂（2007）讨论了产业融合对中国出版业规制政策的挑战，并提出了相应的对策建议。

在中国知网（CNKI）学术文献总库，按照篇关摘（篇名、关键词和摘要）为学术期刊，且篇关摘分别含媒介融合、媒体融合、数字出版、数字化转型、互联网等，时间范围限定为当年进行检索，搜集到的国内相关文献统计见表1-2。

表1-2 **国内相关文献统计**

年份	媒介融合	媒体融合	数字出版	数字化转型	互联网
2007年前	0	1	18	0	26
2007	2	1	34	3	43
2008	2	2	62	3	47
2009	1	0	78	4	55
2010	4	0	110	3	47
2011	2	8	208	13	687

年份	媒介融合	媒体融合	数字出版	数字化转型	互联网
2012	8	12	171	13	67
2013	4	20	203	23	64
2014	18	41	230	25	103
2015	28	62	263	63	156
2016	33	85	214	50	228
2017	27	116	298	26	246
2018	31	105	194	30	206
2019	47	157	196	27	198
2020	19	52	65	17	55
2021	9	76	74	22	89
2022	10	94	55	46	85
合 计	245	832	2 473	368	2 402

从表1-2可以看出，关于学术期刊媒体融合、学术期刊数字出版和互联网下学术期刊的研究众多，分别有832篇、2 473篇和2 402篇。关于学术期刊媒介融合和数字化转型的研究偏少，分别有245篇和368篇。国内对学术期刊媒介融合和数字化转型的研究在2014年开始得到较快发展。值得注意的是，2014年以后，关于学术期刊媒介融合和媒体融合的文献明显增多，很大程度上是因为2014年中央全面深化改革领导小组第四次会议审议通过了《关于推动传统媒体和新兴媒体融合发展的指导意见》，引发了学术界对学术期刊融合发展的研究热潮。

综上所述，学术期刊媒介融合和数字化转型的理论研究远远落后于实践，而且没有建立起适应中国特色的学术期刊理论体系，照搬照抄国外经验比较多，理论创新非常少；局部探讨比较多，全面研究比较少；适用于整个出版产业的理论研究比较多，适用于学术期刊这一细分产业的研究比较少。

1.3 研究意义

1.3.1 理论贡献

媒介融合是出版业发展的方向，也是实现学术期刊高质量发展的重要抓手，而推进学术期刊高质量发展则是建设出版强国和文化强国的内在要求。本书以媒介融合为研究背景，结合作者在学术期刊业的从业实践，构建媒介融合和学术期刊高质量发展的理论分析框架，以全新的研究范式来审视学术期刊高质量发展，尝试建构学术期刊融合发展的本土理论与实践体系，以期拓展学术期刊研究的理论视野和研究层次。

1.3.2 实践意义

从新闻出版业的融合实践来看，两批170家数字出版转型示范单位取得阶段性成果。就学术期刊的融合实践而言，从早期刊网互动的过渡型模式，到中国高校系列专业期刊，再到微信公众号的涌现，这些先行者在尝试寻找适合自身的转型路径。但是，学术期刊网站在创建之初就定位模糊，更多的是作为一个信息发布平台而已。在数字化转型过程中，学术期刊的内容生产优势不再，内容被免费或者非常便宜的价格提供给网络媒体，自身网站建设滞后及版权意识不足，势必造成学术期刊在网络传输通道中处于劣势地位。学术期刊在加快自身融合发展的同时，应积极借助大型期刊数据库等外部技术资源和力量。目前，很多学术期刊仍处于融合发展的探索阶段，融合模式单一，没有形成稳定、可持续的融合模式。因此，本书尝试通过典型案例分析，为学术期刊融合模式选择和数字化转型提供经验借鉴，并从加强优质内容出版能力建设、推动学术期刊深度融合发展和提升学术期刊编辑工作质量等方面推进学术期刊高质量发展。

1.4 研究思路和研究框架

媒介融合催生的数字化转型成为学术期刊实现高质量发展的契机。技术和制度是推动学术期刊发展的两大力量，虽然技术为学术期刊的数字化转型提供了走向媒介融合的内生动力，但媒介融合的效果取决于制度的选择和优化。在学术期刊的体制改革历程中，充分体现了制度对技术的限制。技术的发展要求学术期刊进行市场化运作，向市场融资以解决技术发展带来的数字化转型的资金缺口，但学术期刊的政治属性又束缚着其市场化运作机制的形成。学术期刊体制改革是在技术与制度的博弈中逐步推进的。本书尝试引入产业经济学的研究方法和分析范式，从媒介融合和数字化转型的独特视角，以学术期刊规制变迁的历史演进为切入点，将相关理论与学术期刊高质量发展相结合。

本书重点研究媒介融合背景下学术期刊高质量发展的理论逻辑和现实选择，并提出针对性的政策建议，研究框架如下：

第1章为绪论，主要包括研究背景、研究意义、研究框架和研究方法。本章从媒介融合的时代背景出发，结合作者在学术期刊业的从业实践，指出学术期刊应积极主动地参与到媒介融合发展中，这对于推动学术期刊数字化转型和实现学术期刊高质量发展具有现实指导意义。

第2章为学术期刊质量的研究进展。中国学术期刊质量研究经历了从个别探讨到全面研究之路。2011年以后，学术期刊质量研究全面展开，关于学术期刊质量提升、学术期刊质量控制、学术期刊质量（影响力）评价等方面有了更全面、更深入的研究；近年来，关于学术期刊高质量发展等方面的研究迅速涌现，使关于学术期刊质量的研究步伐大大加快。

第3章为媒介融合的理论分析。本章系统梳理了媒介融合的相关概念，并在此基础上分析了媒介融合的动因以及由此引发的媒介融合规制等问题。数字和网络技术的迅速发展，使得现代人的信息获取方式发生了根本性的改变，催生出了新的媒介形态，学术期刊的生存环境也发生相应改变，进而促进期刊规制变革。

第4章为学术期刊质量评价及构成。学术期刊质量评价指标体系由最初的定性指标发展为定量指标。定量指标由最初的三指标发展为五指标、六指标、八指标、九指标以及学者们后续探讨的相关指标，这些都是学术期刊质量发展到一定阶段的结果。学术期刊整体质量包括栏目设计质量和出版质量，刊发文章个体质量包括文章的政治质量、学术质量、编辑质量和校对质量。

第5章为学术期刊的历史变迁与政府规制。改革开放以来，中国学术期刊数量迅速增长，其出版质量和学术影响力也得到了较快提升，初步形成学科门类齐全、基本满足科研学术交流需要的学术期刊出版体系，涌现出了一批在国内外有影响的知名品牌期刊。随着媒介融合的深入推进，厘清政府部门的结构和职能，合理设定政府部门间的关系和不同领域的规制归口成为媒介融合制度的核心内容。

第6章为媒介融合进程与学术期刊数字化转型。从纸质学术期刊建设官方网站，到探索移动客户端和微信公众号等移动社交媒体，受众获取学术资源的渠道是变化的核心。技术是媒体融合的重要驱动力，也是学术期刊发展的短板。目前，很多学术期刊仍处于融合发展的探索阶段，融合模式单一，没有形成稳定、可持续的融合发展模式。

第7章为加强优质内容出版能力建设。随着传播渠道和信息载体日益多元化，学术期刊应充分发挥自身优势，成为高水平的内容生产商。学术期刊编辑应通过积极策划选题和组稿，精选高质量学术成果，打造重点品牌栏目，从而掌握核心的内容资源。

第8章为推动学术期刊深度融合发展。学术期刊深度融合发展能够拓展传播渠道和提升学术成果传播效率。学术期刊应从实际出发提高技术的适用性和有效性，不盲目追求多类型出版模式的创新，更重要的是推进现有出版模式的应用深度和广度。

第9章为提升学术期刊编辑工作质量。编辑质量是指编辑从选题策划到组稿、审稿、编辑、校对等一系列工作中进行再创作的质量。编辑质量是学术期刊生存和发展的前提，而编辑质量又取决于编辑队伍的素质。学术期刊编辑队伍主要包括主编、编委会成员和编辑部成员三个方面，加强编辑队伍建设对学术期刊的生存与发展意义重大。

1.5 研究方法和主要创新

1.5.1 研究方法

文献分析法。从媒介融合视角研究学术期刊数字化转型的成果较少，本书利用图书馆、计算机网络和学术联系等多方面途径，搜集有关的各种文献和资料，广泛查阅国内外相关研究成果。

案例研究法。学术期刊业的实践性非常强，理论的发展多源于对实践经验的总结，学术期刊的媒介融合和数字化转型实践案例对理论的完善具有重要作用。本书搜集一手数据资料和典型案例作为案例研究的基础。

归纳演绎法。大量的研究成果、丰富的实践经验和案例需要进行理性分析、归纳和演绎，对研究背景和理论成果进行比较、归纳、整理和分析，才能提炼出其中的规律，然后将其纳入理论的框架之中。

跨学科研究法。学术期刊研究涉及编辑出版学、新闻传播学和产业经济学等多个相关学科，本书综合运用传播学和经济学的理论、方法和成果，将上述学科的研究方法和理论范式引入编辑学研究中。

1.5.2 主要创新

关于学术期刊的研究，国内研究的范围、深度、视角和方法各不相同。在学术期刊面临技术和身份等重大转变的媒介融合背景下，笔者尝试运用编辑出版学和产业经济学的研究方法和分析范式，分析媒介融合背景下学术期刊的高质量发展问题。本书的创新之处如下：第一，系统梳理了媒介融合和学术期刊质量方面的相关文献。第二，分析了学术期刊的历史变迁过程和政府规制体制。第三，从加强优质内容出版能力建设、推动学术期刊深度融合发展和提升学术期刊编辑工作质量等方面提出了推动学术期刊高质量发展的政策建议。

综上所述，媒介融合是全书的逻辑起点，媒介融合的本质是融合创新，融合的目的在于实现学术期刊资源的优化配置，从而实现学术期刊高质量发展。本书以此为理论研究的出发点，对媒介融合的起源、动因和路径进行研究，以深入剖析媒介融合的内在运行机理。数字化转型是学术期刊资源优化配置的具体实现手段之一，对媒介融合和数字化转型要持有一种理性和客观的认识。媒介融合是一种新生的媒介现象，其本身具有复杂性和多变性，需要从多学科、多视角对其进行研究。本书只是从其中的一个研究视角出发，对媒介融合和学术期刊发展质量进行梳理和总结。由于研究数据难以获取，加之学术期刊媒介融合的成功案例较少，这些因素都在一定程度上限制了本书的研究范围和深度。随着媒介融合的深入发展，未来可以对学术期刊媒介融合和数字化转型的典型案例和相关数据进行持续追踪，以进一步拓展媒介融合背景下学术期刊高质量发展的研究深度和广度。

2　学术期刊质量的研究进展

在中国知网（CNKI）学术文献总库搜集 2000—2022 年与学术期刊质量相关的文献，根据篇名将其分为质量提升、质量控制、质量（影响力）评价和高质量发展，各年刊发文章统计结果如表 2-1 和图 2-1 所示。

表2-1　　　　　　　　　　学术期刊质量研究文献统计

年份	质量提升	质量控制	质量（影响力）评价	高质量发展
2000	3	3	0	0
2001	3	3	3	0
2002	4	1	4	0
2003	3	3	0	0
2004	1	1	1	0
2005	1	4	5	0
2006	3	1	2	0
2007	3	0	3	0
2008	3	2	2	0

续表

年份	质量提升	质量控制	质量（影响力）评价	高质量发展
2009	4	3	6	0
2010	4	2	5	0
2011	10	10	7	0
2012	4	1	6	1
2013	3	2	2	0
2014	3	2	1	0
2015	3	3	7	0
2016	5	0	2	2
2017	14	3	5	0
2018	20	1	6	4
2019	19	1	4	4
2020	11	1	3	6
2021	18	1	4	25
2022	22	0	2	30
合　计	164	48	80	72

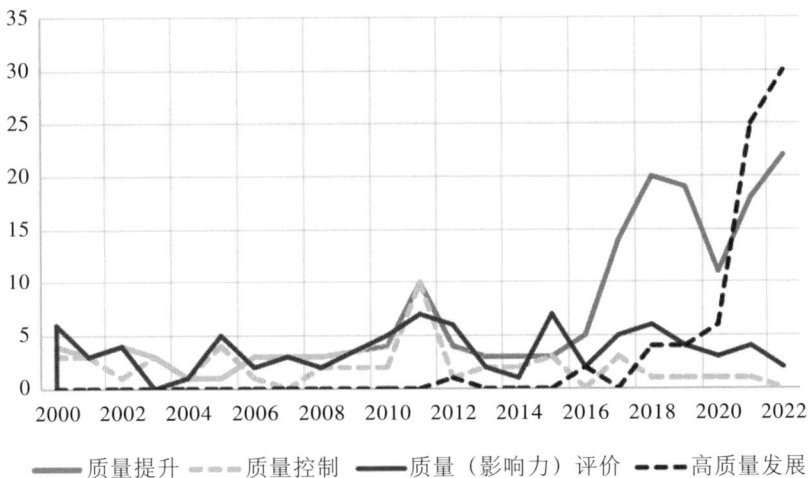

图2-1　学术期刊质量研究文献统计分布（单位：篇）

从表2-1和图2-1可以看出，中国学术期刊质量研究走过了从零星探讨到全面研究之路，以2011年为界，此前学术期刊质量研究文献较少；2011年以后，学术期刊质量研究全面展开，关于学术期刊质量提升、学术期刊质量控制、学术期刊质量（影响力）评价等方面的研究更全面、更深入；近两年，关于学术期刊高质量发展等方面的研究迅速涌现，使学术期刊质量的研究步伐大大加快。关于学术期刊质量提升、学术期刊质量控制、学术期刊质量（影响力）评价和学术期刊高质量发展的研究始终是学术期刊质量研究的主流。

2.1 关于学术期刊质量提升的研究

关于学术期刊质量提升的研究贯穿于学术期刊质量研究的始终，由最初的定性分析逐步发展为定性分析与定量分析相结合，由对单一编辑质量、单个工作环节的研究逐步发展为对学术期刊整体质量、整个编辑工作流程的研究。

2.1.1 2000—2005年学术期刊质量提升的研究

21世纪初，学术期刊界重点研究编辑工作质量的提升，学者们对编辑工作流程的各个环节均有研究。付一静（2000）指出，有效提高编校质量首先要提高编辑工作质量，提高编辑素养和改善编辑环境是提高编辑工作质量的途径。优化编校组合是有效提高编校质量的重要措施，可以通过编校合一和三校后互查实现。以民主办刊、公开办刊和激励机制为核心的监督管理机制是有效提高编校质量的保证。杨有为（2000）指出，学术期刊的编辑要注意选稿质量，在选稿时要突出"新、深、精"，编辑加工是创造性劳动，既然是创造性劳动，就必须提高创造意识，而创造意识来源于求异思维，只有产生求异思维，编辑才能在加工文章时提高自身换位比较的能力，从而形成追踪时代的"时向眼光"，联系社会的"横向眼光"和预测未来的"纵向眼光"，才能使加工出的文章具有创新和突破。江美林和巴恩旭（2001）结合《光电子·激光》的办刊工作，提出提高科技期刊学术质量的策略，即提高科技期刊的预见性和导向性，开辟和扩大高质量稿源，改变编辑工作的传统模式，实行兼职工作制，逐步实现编辑工作现代化和出版形式多样化。韩克勇（2001）指出，许多学术期刊存在着不容忽视的问题，主要是内容结构不合理，编辑加工、技术编排和文字校对粗糙，缺乏特色。只有彻底提高学术期刊的质量、突出其特色，发挥学术期刊的社会效益和经济效益，才能真正适应市场经济的挑战。李斌（2001）指出，编辑初审要有慧眼识珠的基本功底，专家复审要坚持科学、客观、公正的基本原则，主编终审要保持期刊层次、特色、风格的基本水准等，这是提高期刊学术质量的关键所在。李娜（2002）指出，实施严格的规范管理和情感教育，有利于提高编辑职业道德修养，规范编辑职业行为，是提高期刊质量的有效途径之一。金生等（2005）指出，科技期刊学术质量的提高不仅取决于研究领域科研水平的高低，编辑也有重要作用。编辑应做好选题策划，保证期刊发挥学术导向作用；严格初审，保证期刊的质量；认真加工，保证文稿的科学性和规范性；仔细核查，保证参考文献的准确引用。编辑应与科研工作者共同提高科学研究的水平和科技期刊的质量。汪宏晨和柳建乔（2005）指出，提高编辑素质、实际必要的工作程序和确保工作时间是提高刊物质量的必要保证。

2.1.2 2006—2010年学术期刊质量提升的研究

2006—2010年，各学科、各地区学术期刊都开始关注学术期刊质量提升问题，学术期刊质量研究的范围更广，学术期刊质量研究的视角更新。曾莉等（2006）基于学术期刊质量评价指标影响因子，针对广东省学术期刊发展现状及存在的问题，从注意论文选题、组建高水平编委队伍、加强论文学术把关、缩短论文发表时滞、优化刊物栏目设置和优化编辑部人员结构等方面提出了提高刊物学术质量的方法。姚杰和林鉴非（2007）分析了中国农业学术类期刊与被收录的中外农业学术类期刊在国际论文比、发表时滞和热点课题跟踪等方面的差距，探讨了中国农业学术类期刊吸引高水平稿件、提高期刊质量和影响力的对策。鲁斌（2007）针对高校学术期刊在信息化社会中面临的各种挑战和机遇，从编辑人才培养、编委会成员构成和编辑部工作网络化等方面，讨论高校学术期刊现状，并提出提高高校学术期刊办刊质量的建议。禤胜修（2007）指出，科技学术期刊的稿约、栏目设置、规范性标注、荣誉标注、编辑风格和印刷质量等附加信息影响作者的投稿取向，对提高来稿质量具有导向、指导和警示作用。科技学术期刊编辑应重视附加信息对提高来稿质量的作用，规范附加信息的标注设计。叶继元（2007）就学术期刊的评价与学术研究质量的提高进行了深入研究，认为办学术期刊关键是强调学术期刊的学术性。王小同（2009）指出，完善国家自然科学基金管理，对提高科技期刊质量具有重要意义。高宏等（2010）从源头提出了组织和吸引优秀稿源的四种途径，即依靠专家组织多中心研究，培养高水平的科研队伍和核心作者群，培养高素质的审稿专家，充分发挥青年学者的作用。

2.1.3　2011年以来学术期刊质量提升的研究

田林（2011）通过对现有三大学术期刊评价体系的分析，对照其评价指标和因素提出了提高社科学术期刊质量的途径，即刊发具有原创性或前沿性的高质量文章，重视引文的规范性和参考文献著录的准确性，注重专题栏目的策划和设置。朱进彬（2011）指出，网络已经成为人们日常生活当中不可或缺的载体，学术期刊是科技信息的载体，质量是学术期刊的生命，应积极提高学术期刊质量，即借助编委会的优势，搜集高质量的稿件；发挥编辑主动性，建立作者队伍；加强互动，保证刊物质量。付一静和金春平（2016）指出，提高编校质量是学术期刊永恒的话题。由于种种原因，学术期刊的编校质量不容乐观，甚至有个别学术期刊质量不合格，建议从全生命周期管理角度有针对性地建立编辑主体、编辑客体质量保证制度，出版流程管理制度，自主审读制度，编校奖惩制度，评刊制度。这些制度构成了学术期刊编校质量保证体系。史格非等（2018）指出，编校质量的重要性不言而喻，但基于目前多数编辑部人员紧张的现状，如果能够对初投稿件中文章要素的齐全性、用词的专业严谨性、图表设计的合规性和标引的规范性等严格把关，将有利于提升后期的编校效率和编校质量。除了一般的"稿件须知"形式外，还可以通过授之以渔、交流强化、守好入口和寓教于编等途径从源头上提高稿件的编校质量。杨春（2018）指出，学术期刊的选题策划对期刊整体质量的提升具有重要意义。好的选题应具有科学价值、社会价值、文化价值和经济价值；期刊选题时应关注学术性原则、时代性原则、创新性原则、时效性原则、热点问题原则、持续发展性原则和百家争鸣原则；选题策划的方法可采用定性分析和定量分析的方法、事件本身的分析方法和事件背景分析的方法、宏观政策分析和具体事例分析的方法、中心选题和一般选题的方法、肯定性分析和否定性分析的方法等。好的选题策划，不仅可以提高期刊的学术品位，而且可以提升学术研究的整体质量。杨正凯（2019）以《煤炭科学技术》为例，提出科技期刊学术影响力提升的三个重要途径，即通过完善的三审责任制度和强大的编校、审稿团队，多途径策划精品专题，扩大期刊传播途径等措施提高期刊的编校质量、内容质量和传播质量，从而提高科技期刊的质量和学术影响力。通过组建专业的编辑团队、审稿专家团队，以及主编终审环节完善三审责任制度和提高编校质量；围绕行业重大科技成果、行业热点难点和品牌学术会议策划专题来提高期刊内容质量；通过传统传播方式和新型的传播方式来提高期刊传播质量。

李婷（2020）指出，在当今时代背景下，学术期刊质量提升计划建设对创办"一流大学、一流学科"具有至关重要的作用。如何高效地提升办刊质量，使学术期刊成为优秀学术研究成果共享平台，是一个值得高校深思的问题。其就学术期刊的特点、面临的问题、学术期刊质量提升计划建设的目标和举措进行详细阐述。朱琳峰等（2021）基于传统同行评议模式，以审稿专家为研究对象，对专家同行评议培训的需求、愿意参与期刊同行评议的原因、拒绝审稿的原因及认可的同行评议激励机制方面进行问卷调查。目前，中国科学家参与同行评议培训的程度低，而专家同行评议培训需求却较高。参与调研的 88% 的专家认为参加期刊同行评议是科学家的职责，专家拒绝审稿主要是因为研究领域不符、文章质量不高及没有时间等，专家认可的激励方式主要包括加入期刊候选编委团队、为他们搭建学术交流平台及进行优秀审稿人认证及表彰。期刊编辑部可以从丰富同行评议培训方式、细分专家研究领域、多途径扩大审稿专家库、规范同行评议流程、健全同行评议激励机制及提高编辑学术社交能力方面提升同行评议的效率及质量。

2.2 关于学术期刊质量控制的研究

质量控制是通过监管质量形成过程，消除质量环节上所有不良因素的影响，是对编辑出版流程中的每一道工序进行质量控制。自学术期刊诞生起，就有学术质量控制研究，只是最初的关注方向和关注程度不同而已。

2.2.1 2000—2005年学术期刊质量控制的研究

史庆华（2000）将全面质量控制原理引入期刊编辑工作，认为学术期刊的全面质量控制是贯穿编辑出版各个环节之中的全面质量管理活动。这些管理活动体现了对期刊出版前的超前质量控制、出版中的最优质量控制和出版后的反馈质量控制。李滋兰和丁慎训（2000）指出，《中国学术期刊（光盘版）》是中国第一个商品化的大型期刊全文数据库，其数据库的数据质量十分重要。学术期刊光盘的数据质量包括政治质量、学术质量和数据加工质量。要力争使光盘版数据库的数据权威、准确、全面、实用，成为用户在科研、管理、决策、教学等社会活动中不可多得的、必不可少的查询工具。注重入编期刊的学术水平，坚持把握社科类刊物的政治质量，及时搜集期刊的文献数据，期刊及其所刊载文献信息的筛选、统一合理归类和科学编排，修改印刷版期刊文章中的明显错误，注意保密问题。

21世纪初，学者们开始研究编辑流程某个环节质量控制。黄仲一（2001）从促进学术期刊文献检索国际化的角度出发，结合具体实践及理论探索，解析了学术期刊采用中图法作为分类标引所存在的问题。阐述了建立质量控制体系，有效地应用学术期刊分类标引的必要性，并提出了一些基本思路和方法，以期提高文献的引用率、利用率，达到国际交流的目的。刘丹沁（2003）指出，审稿作为学术期刊出版工作中的重要环节，是决定论文录用与否和保证刊物质量的关键。明确审稿内容，掌握审稿原则，是审稿的基础；注重"三审制"的实效，是审稿的关键；牢固树立"质量第一"的观念，是审稿的最终目的。只有严把审稿关，才能有效控制学术期刊的内在质量。张九庆（2005）从期刊质量控制的内涵和科技学术期刊的特殊性出发，探讨了科技学术期刊质量控制的必要性和基本原则，提出科技学术期刊质量控制包括政治质量控制、学术质量控制、编辑质量控制、出版质量控制和服务质量控制。

2.2.2　2006—2010 年学术期刊质量控制的研究

邓军文（2006）指出，学术期刊质量的关键在于学术期刊制度建设，并论述了当前"三审制"的执行情况及构建一种以网络化为平台的更高效、更公正的"网络化专家票决"审稿机制；探讨了如何建立学术期刊内部审读制度。冉强辉（2008）研究了体育学术期刊质量控制指标体系的构建，在分析体育学术期刊存在部分质量问题的基础上，构建了体育学术期刊质量控制指标体系，并对政治质量指标、学术质量指标、管理质量指标、编辑质量指标、印装质量指标、服务质量指标及其下级指标进行了解析。蓝华和于渤（2009）指出，科技期刊稿件质量的高低是衡量其质量的重要因素，因而加强科技期刊稿件控制是提高其质量的重要措施。他们还分析了学术类科技期刊稿件分布多样性和差异性的特性以及稿件质量的间接影响因素和直接影响因素。在此基础上，从稿件收录、稿件审核和编审方面研究了学术类科技期刊稿件质量控制方法问题，为提高学术类科技期刊质量提供参考。张俊敏（2010）通过对医学学术期刊学术质量影响因素源头的分析，结合《首都医科大学学报》的实际情况，提出了应从稿源、作者队伍和编辑方面进行改进，以扩大稿源，提高稿件质量；增强服务意识，稳定作者队伍，提高作者水平；提高编辑的敬业精神和业务水平，以提高医学学术期刊质量。钟华（2010）指出，学术质量是科技期刊的核心，应通过具体的方法和手段，实现期刊的质量要求，完成质量控制。

2.2.3　2011 年以来学术期刊质量控制的研究

2011 年以来，学术期刊质量控制研究更加深入。徐丽芳和方卿（2011）从强化出版流程管理这一开放存取期刊学术质量控制的基本思路出发，按照组稿、审稿和编辑加工出版流程分别论述了开放存取期刊学术质量控制问题。基于出版流程控制开放存取期刊学术质量，主要应做好以下工作：加强主动约稿，提高稿源质量；创新审稿方式，严把质量关；强化编辑加工，提升形式与技术规范。姚永春和戚馨（2011）指出，数字学术期刊质量控制的循环模型，反映出数字学术期刊贯穿出版全过程、全员乃至全社会共同参与的质量控制体系。循环体系有计划、执行、检查和处理，包含期刊定位、同行评议等质量控制关键点，且各关键点在质量控制流程中发挥着各自的功能。整个循环体系以计划环节为龙头，以执行环节为保证，以检查环节为基石，以处理环节为"质变点"，以专家评议平台、公众交流平台、公众评议平台和及公众反馈平台为依托，在各执行主体间得以广泛沟通的前提下，形成一个有效运转、呈螺旋式上升的有机整体。蓝华等（2011）指出，质量控制是科技学术期刊生存和发展的重要保障，期刊过程质量控制的目标是确保期刊的质量能满足读者和相关法律法规等方面提出的质量要求。针对期刊质量特性，从对象、阶段和流程维度，建立更符合科技学术期刊质量控制特点的控制模型，为提高期刊质量提供方法和途径。彭桃英和许宇鹏（2011）针对中国期刊学术论文英文摘要质量不高的现状，分析其原因后指出，期刊管理部门相关政策和标准规范程度、编辑部重视程度、作者英文水平和英文摘要编辑素质是影响中国期刊学术论文英文摘要质量的重要因素。他们指出，应在质量控制理论的指导下，从影响期刊英文摘要质量的环节和因素上，进行事前、事中和事后质量控制。郭银巧（2012）针对当前学术论文国际化、评价机制数量化所导致的国内期刊优质稿源荒问题，结合《中国农业科学》杂志的实际情况，提出了组织和吸收优秀稿源、缓解和控制期刊学术质量下滑的途径。

许升阳和赵瑞（2015）针对目前中国学术期刊存在重视出版质量轻视学术质量和忽视传播质量等问题，介绍了学术期刊全方位质量控制途径。通过对学术期刊学术质量、传播质量和出版质量的全面协同控制，可大幅提升期刊品牌质量，提高学术期刊影响力和传播力。赵春等（2017）指出，社科学术期刊相比科技期刊以及其他消费类期刊，有其特殊的社会意义和价值。在分析社科类学术期刊校对中常见错误基础上，运用质量控制原理，从技术和管理层面提出提高社科类学术期刊校对质量控制方法。陈钢等（2018）指出，同行评议造假和审稿不端行为不仅损害作者利益，而且影响期刊声誉，并从评审专家邀请流程管理、审稿行为评价、归类量化评价和提高评审意见综合能力方面提出加强医学学术期刊同行评议质量控制的措施。周黎（2020）分析了数字科研环境下开放存取学术期刊的采集途径，介绍了开放存取学术期刊的质量评价标准，以及开放存取学术期刊的质量控制措施，研究了开放存取学术期刊的质量控制机制。

2.3　关于学术期刊质量（影响力）评价的研究

期刊引用报告（journal citation reports，JCR）对科技期刊的评价主要用引文率、当年指标（某年该刊发表文章的被引次数/该刊发表的全部论文数）和影响因子（某年引用该刊前两年文章的总数/前两年该刊发表的文章总数）反映。中国学术期刊质量（影响力）评价的研究过程，就是评价方法逐步走向科学、先进，评价指标日益全面、指标体系更加完善的过程。

2.3.1　2000—2005 年学术期刊质量评价的研究

21世纪初，学术期刊影响力评价开始使用动态评价指标并进行赋权。姜联合和姜丹（2001）指出，从动态角度出发，研究和评价科技期刊学术水平的发展趋势鲜见，所以提出趋势指数并进行实证分析，趋势指数实质上是对某个时间影响因子的深入分析，可对期刊质量排序。同年，姜联合就其提出的评价期刊质量的动态指标——趋势指数和稳定指数进行了深入分析，并就其在运用过程中可能出现的问题进行进一步探讨。石瑛和陈光宇（2002）运用层次分析法建立指标齐全和权重适宜的学术类科技期刊综合评价指标体系及评价模型。林春艳和莫琳（2004）指出，期刊评价应将静态评价与动态评价相结合、将定性评价与定量评价相结合，学术期刊综合评价指标体系包括两个系列、两项水平、三个层次和18项评价指标。苏学（2005）分析了影响科研论文学术水平的各个因素并在借鉴国内外期刊论文质量评价指标的基础上，根据实用性的评价目的和评价指标选取原则，初步设计了包含期刊水平、论文被引情况和论文基金资助情况等因素的期刊论文学术水平评价指标体系。

2.3.2　2006—2010年学术期刊质量评价的研究

姜春林等（2006）指出，目前用于评价个人学术成就的H指数以及由此衍生出的系列改进指数的相关研究，正在成为科学计量学和科技管理学领域的热点。期刊H指数、相对H指数和G指数是一组崭新的评价指标，其除丰富了期刊评价指标外，实际应用中对于评定某一学科领域权威期刊、改进核心期刊遴选指标体系也有一定参考价值。与影响因子的使用类似，这些指标对不同学科领域的期刊来说不具备可比性。由于同一期刊的这些指标值大小依赖不同引文数据库的选择，期刊间的比较必须保证引文数据库选择的同一性。而且，如果选择不同的引文窗口，历年的这些指标值都可能变化。王海明（2007）指出，科学地赋予各评价指标权重值十分重要，并运用层次分析法（AHP）解决了期刊质量评价指标权重值的综合评价方法。

2008年，学术界开始考虑网络发展对学术期刊的影响。2008年，《中国学术期刊综合引证报告》提出的学术期刊评价指标共9项，增加了Web即年下载率，这体现了网络迅猛发展对学术期刊的极大影响。张积玉（2008）指出，科学、合理和可行的学术期刊影响力评价指标体系应包括学术期刊的学术影响力、社会影响力和读者、社会认可度3项指标。评价学术期刊影响力，应正确认识和把握学术论文质量与学术期刊影响力、影响因子与学术期刊影响力、核心期刊与学术期刊影响力、传播方式与学术期刊影响力等关系，坚持采用定量评价为基础、定量评价与定性评价相结合的方法。齐婷婷（2010）建立了审稿质量评价指标体系，并确定权重系数，进而利用这一体系对已刊发的部分论文的审稿质量进行评价，这表明质量评价体系不仅仅是对结果进行评价，而且已细化到编辑工作各环节。罗臻和刘莉（2010）引入了累计影响因子、H指数和G指数，可以综合反映期刊的短期影响力和中长期影响力，并考虑到被引频次与论文数量之间的平衡，排除自引的影响；同时引入标准化方法对影响因子、累计影响因子和 H 系列指数进行标准化转换，克服单个指标的学科局限性；最后将 5 个评价指标加以综合，得出综合指标，并以社科期刊为例对该综合评价指标加以验证。

2.3.3　2011年以来学术期刊质量评价的研究

俞立平和武夷山（2011）在总结现有客观赋权法根据数据波动和数据独立程度赋权原理的基础上，对复相关系数法进行修正，提出一种根据指标值提高难度进行赋权的新方法——指标难度赋权法，并用标准分对学术期刊评价指标进行标准化，然后进行加权汇总。上述研究表明，指标难度赋权法能够克服评价中的"投机取巧"心理，区分度好，从而使评价更加公平，非常适合学术期刊评价，但在评价对象较少的情况下采用该方法要慎重。王金玲和张燕蕾（2011）指出，应建立学术期刊综合评价指标体系，定量评价与定性评价相结合。定量评价方面，可以分期刊的学术影响力和读者的认可度两部分，采用影响因子、特征因子、SJR、ACIF、SNIP、被引频次（去除自引）、即年指数、获奖率、高影响力论文率和网络转载率等分别给予不同的权重后，计算期刊的学术影响力；采用重要数据库收录情况、读者点击率和下载率等计算读者的认可度。定性评价方面，主要采取专家同行评议法对学术期刊进行直接分级或排序。定量结合定性的评价方法应该可以得到较为合理的学术期刊综合评价指标体系。王磊（2012）在介绍国内外学术期刊质量评价体系的基础上，分析了国内现有学术期刊质量评价体系的不足及其根源，进而基于中国学术期刊的特殊属性（公益性和组织实体的非独立性），提出了将定量与定性相结合的学术期刊质量评价体系。叶继元（2015）指出，人文社会科学的特点决定了人文社会科学学术期刊的质量评价具有多元性和复杂性，近年在国内开展的法学期刊质量评价的实例证明了这一观点。《报纸期刊出版质量综合评估办法（试行）》《全国报纸期刊出版质量综合评估指标体系（试行）》考虑到了学术期刊质量评价的一些特点，比以往的评价设计有很大进步，但在评价目的、主体、客体、方法、标准及指标、制度等方面还存在不少问题，迫切需要根据文科学术期刊质量评价的特点进行修改和完善。

范爱红等（2017）基于《中国英文学术期刊国际国内引证报告》，对中国英文学术期刊进行影响力评价与发展对策研究，对于中国英文学术期刊的自身定位、国际化发展和出版管理具有积极参考意义。他们对中国英文学术期刊的国内外学术影响力进行全面综合定量评价，并引入新的评价指标"国内外综合统计源"的期刊影响力指数（CI）对其排名。针对中国英文学术期刊影响力数据进行多维度比较分析，包括中国英文学术期刊与 Web of Science 期刊比较、人文社科英文学术期刊与科技英文学术期刊比较、国内外影响力比较，进而对中国英文学术期刊发展提出对策建议。张慧玲等（2018）指出，期刊影响力评价是科学计量学研究的重要组成部分和应用领域，对于优化期刊质量和促进科学交流具有重要意义。综述国内外期刊影响力评价方法研究进展，从传统指标、影响因子系列评价指标、H 指数以及衍生指标、类 PageRank 及其衍生指标、基于多因素综合评价方法、基于社交媒体的期刊影响力评价指标以及跨学科期刊评价方法出发，能够总结出现有学术期刊影响力评价方法的特征及其不足之处。现有评价指标融合度较差，较少考虑引文偏态和自引问题，且新兴的基于社交媒体的评价方法可行性有待商榷。未来应重视深度融合评价指标、社交媒体期刊评价方法规范化以及跨领域期刊评价方法体系化。

赵蓉英和王旭（2019）从多维度、多指标融合的信息计量视角综合评价学术期刊影响力，为学术期刊影响力评价提供了新的方法与思路。以国际图书情报学期刊为例，从学术影响力（FAI）、社会影响力（FSI）和共被引网络影响力（FCO）3 个维度选取指标构建学术期刊影响力评价模型。对指标数据进行归一化处理，使用相关性分析、社会网络分析、因子分析、二维坐标四象限、三维空间坐标映射等方法对 3 个维度评价和样本期刊级别进行划分。8 个传统引文指标间高度正相关，10 个 Altmetrics 指标间不同程度正相关，且两个维度的指标在整体上与内部间都具有较显著的一致性。共被引网络中节点的 3 种中心性指标均不同程度正相关。共被引期刊影响力可分为主导、跨子群、快速依附和子群内共被引 4 种类型。FAI 与 FSI、FCO 较强正相关，但 FSI 与 FCO 低度正相关。FAI 与 FCO 对 FSI 具有较好补充作用，但 3 种评价维度仍存在一定差异，并不可完全替代。赵均和张欣然（2021）指出，改进完善学术期刊评价体系，对推动学术期刊繁荣发展具有重要意义。由于引文评价的"方向错位"和专家评价的"不确定性"，学术期刊质量评价方式争议不断，对定量指标的改造升级和定性定量评价相结合的办法都没有从本质上解决问题。他们指出，应建立基于用户评价的大数据分析方法来评价学术期刊质量，把评价的权力交还读者，从而防止简单"以刊评文"，促进学术期刊开放获取，提高学术期刊的整体效能。

2.4 关于学术期刊高质量发展的研究

2021 年之前，关于学术期刊高质量发展的研究较少。2021 年 5 月，中宣部、教育部、科技部联合印发的《关于推动学术期刊繁荣发展的意见》指出，推动学术期刊加快向高质量发展阶段迈进，努力打造一批世界一流、代表国家学术水平的知名期刊。2021 年 12 月，国家新闻出版署印发的《出版业"十四五"时期发展规划》指出，出版业"十四五"时期要以高质量发展为主题。在此背景下，关于学术期刊高质量发展的研究近两年大量涌现。

2.4.1 2016—2020 年学术期刊高质量发展研究

郭娜娜和李宗（2016）简析了当前军队院校学术期刊中存在的种种学术不端行为，分析产生这些不端行为的主要原因，并从完善学术规范、倡导学术诚信和创新学术评价制度等方面探讨构建良好学术风气的主要措施。这对于引导军事学术研究者追求军事学术真理、指导军队院校学术期刊编辑出版团队创办高质量军事学术期刊具有一定的参考意义。刘仲翔（2019）指出，2018 年是中国社科学术期刊发展的重要转折年份，从国家宏观层面来看，主管部门出台一些重要政策，引导和规范期刊界宣传贯彻党的十九大精神、实现期刊高质量发展。作为学术生态圈重要的一环，各评价机构也在不断探索更加科学的评价方法，2018年有几个重要评价结果发布。2018 年学术诚信和学术不端成为各界关注的焦点，社科学术期刊作为其中的重要一环，也在采取行动，积极参与打击学术不端的行动。由于国家人才评价、职称制度、学术评价和机构评估等政策导向的变化，社科学术期刊的发展很有可能会进入一个新的时期。高虹（2020）指出，大数据时代，学术期刊的发展问题更为复杂，为全面透视并准确把握大数据时代学术期刊的发展，选择4位学术期刊主编进行半结构化深度访谈。4位主编指出，大数据时代学术期刊在选题策划、组稿约稿、编辑校对和发行推送等环节都受到了一定影响，虽然可应对的手段和方法不一，但是在发展重点上，学术期刊都需要正确看待大数据、牢牢坚守内容为王，系统拓展学术期刊的品牌价值，解析与重构学术生产机制并激励编辑群体的多元化转型。大数据时代，唯有坚守社会效益、打造学术品牌、使用各类数字化工具并提升编辑人才的培养成效，才能最终实现学术期刊的高质量发展。

2.4.2　2021年以来学术期刊高质量发展研究

罗重谱和莫远明（2021）指出，推动学术期刊高质量发展既是中国加快建设科技强国和努力成为世界主要科学中心和创新高地、提升国家科技竞争力的必然要求，也是构建中国特色哲学社会科学学科体系、学术体系、话语体系以及提升国家文化软实力的现实需要。新时代，学术期刊高质量发展的基本特征是引领性、品牌化、平台化、融合性、复合型和国际化。新时代，推动学术期刊高质量发展，应充分发挥学术期刊的引领功能，深度拓展学术期刊的品牌价值，打造集多种功能于一体的学术期刊平台，积极促进学术期刊与新技术的融合发展，大力培育复合型学术期刊出版管理人才和编辑人才，分类推进学术期刊的国际化发展，做到引领学术、服务创新。李媛等（2021）指出，学术共同体是公认适合的期刊评价主体，"以文评刊"是公认科学的期刊学术质量评价方法，国内部分期刊评价活动已就此作出尝试，但效果未达预期。要想充分发挥期刊学术质量评价对学术期刊高质量发展的促进作用，就必须建构兼具科学性与可行性的评价机制，并设计一系列保障性制度，调动学术共同体中各类主体的参与积极性，开发有内容深度的、符合受众需求的评价报告，尊重评审人和评价报告研发者的劳动，以公信力高、内容丰富、适用范围明确的期刊评价体系推动学术期刊高质量发展。谭晓萍（2022）指出，社科学术期刊是意识形态的重要阵地，是国家文化软实力的重要组成部分。推进社科学术期刊的高质量发展，必须注重中国特色的构建：在办刊原则与指导思想上，要坚持党的领导，坚持以马克思主义为指导；在办刊机制构建上，要明确其非营利性和公益性；在选题策划上，要坚持政治性与学术性的辩证统一，做强做优主题出版；在办刊队伍建设上，要建设一支讲政治、懂学术的专职编辑队伍。马伊颀（2022）指出，习近平总书记给《文史哲》编辑部全体编辑人员的回信中，提出高品质的学术期刊要坚守初心、引领创新，为学术期刊未来发展指明了目标与方向。本书在阐释学术期刊高质量发展的价值内涵的基础上，寻求学术期刊高质量发展的时代动力，即抓住打造高品质学术期刊的历史机遇。其中，政策引导是保障，提高内容质量是根本，媒体融合是手段，人才资源是动力。筑学术津梁、塑精品名刊，推动学术期刊高质量发展，有利于繁荣中国特色哲学社会科学，早日实现出版强国与文化强国之目标。

3 媒介融合的理论分析

本章系统梳理了媒介融合的相关概念且对相关研究进行述评，在此基础上分析了媒介融合的动因、媒介技术与媒介形态以及由此引发的媒介融合规制等问题。

3.1 媒介融合的概念

3.1.1 媒介的概念

在《辞海》中，"媒介"是指使双方发生关系的人或事情。媒体是媒介载体的简称，在一定程度上与媒介的概念等同，但媒介的内涵比媒体更为宽泛。

在传播学中，"媒介"是指传播信息符号的物质实体，讯息从信源到接受者通行的渠道。施拉姆指出，媒介是插入传播过程中，用来扩大并延伸信息传送的工具。媒介是人类传播过程中运载和传递讯息的物体，是连接传受双方的中介物。毕书清（2015）指出，根据出现的先后顺序，可以将媒介分为早期符号媒介、语言媒介、文字媒介、印刷媒介、电子媒介和网络媒介。"印刷媒介"是指将文字和图画等做成版、涂上油墨、印在薄页上形成的报纸、期刊和书籍等实体物质。与语言媒介和文字媒介相比，印刷媒介有了较大进步，可以长期保存，并且种类繁多，可以满足读者的阅读需求。纸质印刷品借助机器实现大量印刷，生产成本降低，加速了人类传播向更深、更广的领域发展。印刷媒介的缺点是传播渠道单一，部分文化程度低的群体难以充分有效使用。"网络媒介"是指借助互联网这一信息传播平台，以计算机为主要信息载体，综合文字、声音和图像等形式来传播信息的一种数字化、多媒体的传播媒介。

3.1.2　国外关于媒介融合的概念

20世纪70年代中期，随着计算机和网络的发展，"Convergence"一词开始出现在大众传播领域。1978年，麻省理工学院尼葛洛庞帝用3个相互交叉的圆圈区域重叠的过程演示了产业融合的趋势，这3个圆环分别代表计算机业、出版印刷业和广播电影业。尼葛洛庞帝指出，媒介融合是包括传统媒介和新兴媒介在内的所有媒介形态之间的边界消失和媒介系统结构调整，是在计算机技术和网络技术融合的基础上通过终端和网络传输数字形态的信息。尼葛洛庞帝以预言的方式提出了媒介融合，但并没有对此进行严格论证。

"媒介融合"的概念最早由美国马萨诸塞州理工大学普尔提出，其本意是指各种媒介呈现多功能一体化的趋势。1983年，普尔在《自由的科技》中描述了"传播形态融合"的趋势：历史上彼此分开的传播形态现在正在融合，其原因是数字电子赋予的高技能。此后，关于媒介融合的界定问题成为学术界研究的重点，媒介融合开始成为西方学界的研究热点。美国新闻学会媒介研究中心的纳什森将"融合媒介"定义为印刷的、音频的、视频的、互动性数字媒体组织之间的战略的、操作的、文化的联盟。菲德勒指出，新媒介并非自发地和独立地产生，而是从旧媒介的形态变化中逐渐产生。鲍德温等（2000）指出，以前电信业、有线电视业、广播业和计算机业各自为政，现在汇流到一起，产生整合宽带系统。1996 年的美国《电信法》开创了一个数字化时代，继而引发大汇流，宽带技术和政策引导促成媒介融合。美国西北大学高登（2003）梳理了融合一词的历史，并站在媒介经营管理视角，从所有权、经营策略、组织结构、信息采集和新闻表述等方面论证了融合的影响。

上述具有代表性的关于媒介融合概念的观点都强调了技术的作用。媒介融合一直处于动态变化中，国外学者主要从技术融合、所有权融合、文化融合、组织结构融合和新闻采编技能融合等多个维度进行了系统探讨。

3.1.3　国内关于媒介融合的概念

自从媒介融合的概念引入中国，学者们结合媒介发展实践进行了多方面的理论探讨。国内学者们对媒介融合概念的界定主要是参考国内外媒介融合实践而提出的综合性概念。熊澄宇（2006）指出，"媒介融合"是指在数字技术和网络技术的推动下，所有媒介向电子化和数字化靠拢的一种形式。王菲（2007）指出，"媒介融合"是指在数字技术的背景下，以信息消费终端的需求为指向，由内容融合、网络融合和终端融合所构成的媒介形态的演化过程。媒介融合的系统形态可以归纳为基于数字化技术融合推动而产生的内容融合、网络融合和终端融合 3 个基本领域。陶喜红（2007）指出，"媒介融合"不仅是指媒介产业内部各种不同形态的媒介之间的融合，还包括媒介行业与其他行业的整合。蔡雯和王学文（2009）指出，"媒介融合"是指在以数字技术、网络技术和电子通信技术为核心的科学技术的推动下，组成大媒体业的各产业组织在经济利益和社会需求的驱动下通过合作、并购和整合等手段，实现不同媒介形态的内容融合、传播渠道融合和媒介终端融合的过程。蔡雯和王学文（2009）把媒介融合研究分为 4 个部分：微观层面强调媒介融合的技术基础作用和驱动作用；中观层面强调媒介技术、传媒产品形态融合、传媒运作系统融合和传媒组织结构融合；宏观层面强调社会监管和规则的融合、受众的参与以及媒介融合的经济学、社会学后果；从大传媒业角度出发，媒介融合涵盖传媒业、电信业、IT 业和电子业等所有参与融合的产业。因此，媒介融合的基础是技术融合，然后带动媒介产品的呈现、媒介组织结构和所有权的变化以及政府对融合的规制。

新媒介技术给中国学术期刊带来巨大挑战的同时也带来了新的发展机遇。媒介融合之初，期刊界采用跨媒体复合出版和数字出版等概念。郝振省（2010）在《2009—2010中国出版业发展报告》中指出，跨媒体复合出版是利用信息技术一体化实现纸介质出版和多元数字化出版的新型出版模式，是跨平面媒体（书、报、刊）、磁光介质媒体（盒带、CD-ROM、VCD、DVD）、网络媒体（网站）、移动媒体（手机）的多媒体、多渠道平台。数字出版既包括传统出版产业从出版工艺到出版介质的数字化转型，又包括出版物传播与流通方式的数字化转型，还包括对数字内容的不断挖掘和服务于数字出版软硬件技术的持续开发。上述报告并未采用全媒体出版的概念，他指出，全媒体出版是一个商业概念，而不是一个学术概念。刘颖悟和汪丽（2012）指出，由于语境、研究视角、视野和研究层次等多方面的差异，不同研究者对媒介融合概念的表述也不尽相同，这使得媒介融合的现有定义至今仍莫衷一是。他们认为，媒介融合是基于数字化、网络化技术的推动而导致的不同媒介之间的边界模糊甚至消失的现象和过程。

国内关于媒介融合的探讨虽然没有形成完善的理论框架，但仍然在一定程度上对这一研究领域进行了拓展和深化。这些理论研究不仅关注微观层面不同媒介之间在形态、技术和功能上的融合，而且将研究视角延伸到宏观层面——媒体组织结构和产业融合。需要指出的是，对媒介融合概念的界定具有短期的相对准确性和长期的绝对局限性。技术进步是媒介融合过程中不可或缺的条件性因素，但学者们在强调媒介融合的数字技术背景时，往往忽视了政府规制对媒介融合的影响，即技术是推动媒介融合的内部动因，信息数字化是传统媒介变革的外部压力。人力、财力和政府的支持等外部因素也将对融合进程产生影响。

3.1.4　研究述评

国内外学者都把技术融合、内容融合、网络（渠道）融合和终端融合等作为媒介融合的主要方面。结合学术期刊领域的实际情况，参照上述新闻传播领域的研究成果，可以认为，学术期刊领域的媒介融合主要体现在内容融合、技术融合和理念融合 3 个方面。蔡雯和王学文（2009）指出，"内容融合"是指分属不同媒介形态的内容生产，依托数字技术形成跨平台和跨媒体使用，利用数字化终端，形成多层次、多类型内容融合产品。"技术融合"是指各种媒介在内容制作、传播渠道和接受终端等环节的技术相互衔接、交融，进而融合为一个技术整体，并呈现出新的产品形态和产业形态。学术期刊的技术融合具体包括传统出版资源的数字化转化和传统出版流程的数字化转型升级。"理念融合"是指"互联网+"思维与出版思维的融合，既要注重读者阅读习惯、阅读需求和阅读体验，又要坚持内容第一的原则。

普尔指出，"媒介融合"是指各种媒介呈现出多功能一体化的趋势。出版业积累了一些媒介融合的成功经验，例如，内容一次性采集，多格式制作生成，多介质传播发布。自媒介融合这一概念提出以来，已经历技术融合、组织融合和产品融合三大阶段。在技术融合层面，不同的媒介技术相互合作，共同完成媒介向受众的信息传播过程，印刷技术与网络技术相互作用，进而实现刊网互动和刊网合一。事实上，媒介融合是当前的一个前沿课题，很难给媒介融合这一正在飞速发展中的业界趋势下严格、精准、统一的定义，目前对媒介融合概念的界定尚未达成共识。从现实情况来看，媒介融合在对传统媒介进行改造的过程中发挥了积极作用。

综上所述，媒介融合的概念包括狭义和广义两种。狭义的"媒介融合"是指将不同的媒介形态融合在一起，产生质变，对信息内容进行再加工，通过不同的渠道进行再传播，形成一种新的媒介形态，如电子杂志、数据库、新闻客户端和微信公众号等。广义的"媒介融合"包括一切媒介及其有关要素的结合、汇聚和融合，不仅包括媒介形态的融合，还包括媒介功能、传播手段、所有权和组织结构等要素的融合。媒介融合包括 4 个层次：一是内容的融合，全媒体概念，强调媒体产品的多样化，包括文字、图片、音频和视频等。二是渠道的融合，新的传播形态，如中国知网学术期刊库、学术期刊公众号等。三是技术的融合，媒体的数字化和电子化，如电子刊物等。四是组织和产业的融合，通过并购和收购等方式重新组合。现阶段，媒介融合的趋势主要是基于互联网和移动互联网技术的发展引发的传播形态的变化。目前，国内媒介融合方面的探索主要体现在技术融合、生产模式融合和经营方式融合等方面。开通官方微博、微信公众号、抖音账号和推出新闻客户端，是近年来传统媒体应对媒介融合的主要举措。其中技术资源的整合最为明显，形成了新的传播渠道和传播方式。生产模式和经营方式的融合也逐渐展开，但发展空间仍然很大。

3.2　媒介融合的动因

进入 21 世纪，媒介融合形态逐渐成熟并初步显现出融合的特征和内在规律。随着数字技术、网络技术的发展以及三网融合时代的开启，媒介融合在广电、电信、互联网和出版等领域呈现技术融合、业务融合和内容融合的趋势。媒介形态演进历程显示，新媒介的出现与新技术的诞生和应用直接高度相关，但又存在一定的滞后性。从印刷技术到电子技术，再到信息技术，每一次媒介基础技术的改革都催生了新的媒介形式；从报纸到广播电视，再到互联网等数字新媒体的诞生，旧媒介与新媒介之间的关系不是相互替代而是共同发展。

媒介拥有不同的媒介属性和技术特征，数字技术和网络通信技术的发展为不同媒介之间的技术融合提供了条件。从微观层面看，不同媒介形态在功能属性上差异较大，但数字技术的发展使得不同媒介形态的媒介产品或服务开始在生产手段、传播渠道和消费方式等方面趋同，按照媒介形态划分的市场边界开始模糊甚至消失，新兴媒介开始借助技术创新进入传统媒介市场，由此产生的新的媒介产品或服务能够在更高层次上满足用户的多元化需求。

夏业良（2006）指出，制度变迁理论认为，技术的革新为经济增长注入了活力，但如果没有制度创新和制度变迁，并通过一系列制度构建把技术创新的成果巩固下来，人类社会长期经济增长和社会发展是不可想象的。刘婧一（2007）指出，媒介融合受到受众需求、技术力量、政策法规和企业竞争需求等力量的推动。王菲（2007）指出，技术是媒介融合的直接动因，这包括两方面含义：一方面，技术本身具有推动经济形态变革的作用，在条件成熟的情况下，技术能催生出一种新的经济形态，媒介融合作为一种新的经济形态，其所受的直接作用力必然来自技术；另一方面，数字技术作为一种全新的技术形态成为催生媒介融合的直接原因。数字技术和网络通信技术的革新应用对媒介融合产生了较大影响，数字技术的应用在信息处理方式上让不同媒介具备了同一性实现了融合的可能，网络通信技术的普及促成了不同媒体在信息传输技术上的统一。刘毅（2008）指出，媒介融合目标的实现受到产业政策、传播技术和媒介管理等因素的制约。关梅（2008）将媒介融合的限制因素归纳为政策限制、管理模式简单、人才匮乏和公众素养欠缺。杨成（2011）指出，"数字技术"是指将图像、文字、声音和影像等各种信息转化为计算机能够识别的二进制数字0和1，然后进行运算、加工、存储、传送、传播和还原的技术。媒介融合的直接动因是数字技术的成熟，数字技术的成熟是媒介融合的必要条件，除此之外，还有生产范畴中的经济动因和消费范畴中的市场动因，这几大动因共同催生媒介融合。媒介融合的经济动因在于获得规模经济和范围经济。丁柏铨（2011）将中国媒介融合的动因归纳为政治因素、经济因素和文化因素。改革开放以来相对宽松的政治环境，是中国媒介融合得以试水并蓬勃发展的不可或缺的条件。

随着新媒介的出现，渠道优势的丧失使得传统媒介的生存处境艰难。但新媒介也有其自身的局限性：内容生产不独立；没有实现盈利模式创新。传统媒介和新媒介开始尝试"内容+渠道"的融合模式。媒介融合作为传统媒介发展的阶段性目标已经确立，但在实现路径的选择上依然处于摸索阶段。新兴媒介诞生和发展的过程，实际上就是网络技术与信息内容相互结合与发展的过程。技术与内容互为支撑、相互融合，最终建立适应融合发展的组织结构、传播渠道和管理体制。

就学术期刊而言，在媒介融合时代，传统学术期刊拥有独立的信息生产和传输平台。数字技术的发展使得纸质学术期刊的内容成为网络、手机和电子阅读器等新兴媒介的生产投入要素。在技术进步和规制放松的推动下，媒介融合扩展到产业外部，原本独立的信息传输平台由专用性向通用性转变，信息接收终端在形式和功能上趋于统一，信息传输机制由单项传播向双向互动转变。传统学术期刊通过数字化转型催生了一批新的媒介产品或服务，传统学术期刊与网络媒体之间的互动是媒介融合的第一阶段。传统学术期刊与网络之间的融合不能简单地理解为期刊社创办自己的网站和公众号，然后将学术期刊的内容搬到网站和公众号上，传统学术期刊与其网站和公众号之间需要差异化互动。如果通过网络可以获得与纸质学术期刊等量的信息，在大部分网站采取免费阅读模式的前提下，会出现纸质学术期刊读者被网络分流的现象。鉴于内容的整体平移并不能带来价值增值，最初的"刊网互动"催生纸质学术期刊的内容与自办网站、公众号的信息差异化互动。

3.3 媒介技术与媒介形态

媒介融合始于20世纪七八十年代的西方国家。英国和美国在20世纪90年代率先进行了以放松规制为特征的制度设计和改革，有效释放了传媒及信息行业的市场活力。随着网络技术和数字技术的裂变式发展，媒体格局和舆论生态发生深刻调整和重大变化。中国传统媒体面临严重的生存危机，其受众规模不断缩小，市场份额急剧下降，人才资源流失严重，生存状况堪忧，媒体人开始思考未来媒介形态该何去何从。但在媒介融合初期可能存在一些滞后认识和观念偏差，有的满足现状，患得患失，担心打破原有的利益格局；有的存在畏难情绪和惰性心理，对媒介融合发展缺乏信心，坐等政策、资金和项目支持；有的存在惯性思维，用办传统媒体的办法来对待媒介融合发展。

如果以媒介应用技术为划分标志，人类传播史可以分为口语传播、文字传播、印刷传播、电子传播和数字传播。每一种媒介形态的诞生，都依赖技术的革新和应用。印刷技术的发明实现了文字信息的大量生产和复制，电子通信技术的出现让信息的远距离传播成为可能，数字技术的普及应用引发了信息生产和传播的深刻变化。每一种媒介形态对应一种消费需求，出于规模经济的考虑，会发生同质媒体之间的兼并收购，出于范围经济的需求，会出现不同媒体之间的合作联盟。但上述整合只是对原本分散的同一市场或不同市场之间的简单相加，没有引发产品形态、消费需求和产业边界的变化，更没有实现产业链的价值增值。

数字技术和网络通信技术的发展催生出新的媒介形态，新媒介在技术特性和传播手段等方面明显优于传统媒介，但其对传统媒介内容的依赖决定了其在整个价值链中扮演渠道运营商的角色。数字技术的普及应用让媒介互动融合成为可能。数字技术打破不同媒介形态之间的壁垒，从而催生出新媒介。新媒介的概念起源于麦克卢汉，他指出，一种新媒介的首要内容是另一种旧媒介。菲德勒（2001）指出，传播媒介的形态变化，通常是由于可感知的需要、竞争和政治压力以及社会和技术革新的相互作用引起的。当比较新的传媒形式出现时，比较旧的形式通常不会死亡，其会继续演进和适应。Edelman（2001）指出，数字和信息技术将传媒带入了一个不可逆的永久性转变之中。从长远来看，媒介融合不仅仅是功能的渗透和内容层面的融合，而是从媒介形态、结构、技术到功能、流程和传播方式的多层面、全方位的融合。宋昭勋（2006）根据融合的程度不同，将媒介融合分为以下层面：第一，媒体战术性融合，一般指传统媒体（报纸、期刊、广播、电视）与新兴媒体（互联网、手机）之间在内容和营销领域的互动和合作。第二，通过所有权的合并，实现媒介组织的结构性融合。第三，走向网络、媒体、通信三者的大融合，打造多种媒体形式于一体的数字媒体平台。布鲁克斯（2006）指出，媒体融合的核心思想是随着媒体技术的发展和一些藩篱的打破，电视、网络、移动技术的不断进步，各类新闻媒体将融合在一起。徐沁（2008）指出，媒介融合的概念有狭义和广义之分，应该从广义的范围来考察和研究媒介融合。施拉姆和波特（2010）指出，人们选择不同的传播途径，是根据传播媒介及传播的信息等因素进行的，人们选择最能充分满足自身需要的途径，在其他条件完全相同的情况下，他们选择最方便且能够迅速满足其需求的途径。受众对媒介的满意程度、依赖程度和接触媒介的方便程度会影响到其对媒介的选择。詹金斯（2012）的研究揭示了新媒体和旧媒体交叉融合过程中各种力量之间不可预知的交互和斗争。延森（2012）通过对互联网、手机等一系列新媒体实践和应用案例的分析提出，媒介融合使传统意义上的自我传播、人际传播和大众传播模式都发生了很大的改变。

3.4 媒介融合规制

3.4.1 规制的概念与起源

不同流派和不同学科的研究者对规制的定义并不完全一样。Kahn
（1970）指出，"政府规制"是指对产业结构及其经济绩效主要方面的直
接政府规定，如进入控制、价格决定、服务条件和质量的规定以及在合
理条件下服务所有客户时应尽义务的规定。斯蒂格勒（1971）在《经济
规制论》中指出，规制通常是从产业争取而来的，规制的设计和实施主
要是为受规制利益服务的。植草益（1992）在《微观经济学》中把直接
规制称为狭义的公共规制，通常分为经济性规制和社会性规制。

规制通常被认为是理解媒介融合进程的核心概念，媒介融合迫切需
要打破行业之间的规制壁垒。因此，在国内外学者的研究中关于规制制
度、规制机构和规制体制改革的呼声最为强烈，这也成为推动媒介放松
规制的重要力量。很多国家先后对电信法和通信法进行修改，建立了基
于融合思想的统一规制机构，如美国的联邦通信委员会（FCC）、加拿
大的广播电视电信委员会（CRTC）和英国的通信管理局（Ofcom）等。
20世纪70年代末，在政府主导下，以自由化、私有化、商业化和放松
规制为核心的市场化改革席卷整个欧洲。同一时期，美国传媒业掀起一
股兼并与收购的浪潮。

Blackma（1998）指出，有必要重新设计一种适应信息市场的新的
规制框架，建立充分发挥技术效率的竞争性市场，从而在一定程度上保
护消费者和公众利益。与上述观点不同，巴多尔指出，简单地以市场替
代政府规制是幼稚的，目前需要讨论的是如何更好地"再规制"，而不
是"去规制"。Shin（2005）调查了韩国广电业和电信业的融合现状，
指出产业融合和技术革新的同时应伴随政府规制逻辑的变化，规制者面
临如何在政策制定上兼顾促进产业融合与保护公众利益的挑战，其中通
过多部门协同规制建立高效的规制框架是符合现实的解决思路之一。温

策克对加拿大传媒发展和传媒政策的变迁进行研究后指出，加拿大的媒介融合不仅是新技术推动的结果，也是政府由限制跨媒体融合向促进媒介融合转变的结果。

陈力丹和付玉辉（2006）对电信业和传媒业的产业融合进行研究后指出，打破产业分离的界限，必须依靠产业规制和产业政策的推动，同时也不能忽视市场的力量。肖燕雄（2006）指出，媒介融合趋势下法制建设仍然十分必要，制定媒介相关法律应该遵循新的原则。肖赞军（2008）指出，重构传媒规制体系，应基于融合建立统一、动态的规制框架，重组规制机构，基于产业结构的裂变重新设定市场准入规则，强化社会性规制。李继东（2013）指出，媒介融合时代的规制主体和对象更加多元化，规制过程更加复杂化，规制类型日渐多重且方式也更加综合。因此，应改变基于行业区隔的规制思维，突破单一的政府规制模式，建构复合规制模式，内容规制和结构规制也需转型，规制方式要向联合模式转变。戴元初（2014）对美国和英国的传媒规制变革进行比较，寻求市场经济条件下电子传媒规制变革的内在逻辑和实现路径。张志安（2014）指出，政府规制在媒介融合进程中占据着重要地位，借鉴国外在媒介融合过程中出台的相关法律法规，政府规制融合主要包括法律的融合、机构的融合和行为的融合层面。肖叶飞（2021）研究了媒介融合规制的管理架构、广播电视规制、内容规制和网络规制等，并对中国媒介融合的规制体系提出了系统构想。

3.4.2 规制的经济学解释

以数字化为变革引擎的技术———经济范式转化改变了学术期刊的生态环境和内部结构。经济学，特别是规制经济学研究范式的转换促进了西方国家对市场失灵和公众利益的重新理解，也促进了规制方式的变革。研究范式的转换不是历史的断裂，而是旧范式在新的社会历史条件下扬弃性的变革，这被新制度经济学研究者称之为路径依赖。

西方规制经济学的研究表明，规制作为一种制度供给，首先是实现公众利益的需要。集体行动的困境和公共地悲剧造成的市场失灵产生规制需求，市场失灵主要表现为外部性、公共物品、不完全市场和信息不对称。从逻辑上来看，政府规制的出现是在市场经济条件下，社会个体对于公共问题无能为力时的无奈选择，其背后的动因是集体行动的逻辑悖论和公共地悲剧。公共地悲剧揭示的是具有稀缺性的公共物品供给的市场困境。集体行动的困境和公共地悲剧分别从市场主体追求自身利益的内在动力和公共产品供给过程可能遭受的掠夺式利用的实现可能角度揭示了政府规制出现的主客观基础。

第一，学术期刊的自然垄断特征和政府规制。资源的稀缺性和规模经济等作用常常导致自然垄断，学术期刊具有明显的规模经济特征，加上严格的市场准入制度下刊号稀缺，使得学术期刊具有自然垄断的特征。虽然信息技术的发展使得媒介资源的结构和特征发生变化，例如，电子期刊的发展减少了对传统刊号的需求；互联网的无线连接和信息聚合功能突破了传统媒体版面和时间的限制；内容版权、信息数据、网络域名、IP地址等引发了新的行业竞争。但事实上，信息时代的媒介资源并非是完全的"无限"，传统刊号仍然存在稀缺性。自然垄断对学术期刊来说利弊兼具：行业内机构为追求垄断地位而过度竞争，不仅可能损害公众利益，甚至为满足特殊利益而实行人为垄断，需要政府加以规制。媒介融合需要在政府的协调和主导下缓慢推进，行业发展亟须资本注入和政策松绑。首先，推行市场结构调整政策，通过降低市场进入与退出壁垒调整市场结构，鼓励竞争。其次，由于学术期刊提供的产品在竞争性和排他性方面都不明显，所以人们通常把学术期刊看作公共物品或准公共物品。但政府不具备生产公共产品的能力，公共物品属性的期刊仍然需要通过期刊社提供。按照"公益性事业""经营性产业"两分开的体制改革思路，学术期刊社仍应延续事业性机构体制。政府与市场边界的模糊同时酝酿着市场失灵和政府失灵的双重风险。最后，学术期刊的外部性特征和政府规制。学术期刊的特殊性使其具有明显的外部性。

3.4.3　规制变革的动因

按照新制度经济学的观点，一种制度向另一种制度变迁的根本动因是现存制度体系内出现了某种不平衡，如制度选择集合改变、技术改变、制度服务的需求改变和其他制度安排的改变。制度供需之间的落差产生制度变革的动力。规制作为一种具体的制度形式，其变革的动力也同样源于这种落差，即规制供需之间的均衡被打破。

数字技术的每一次发展都给传统上处于不同形态的传媒之间的融合带来质的变化。学术期刊的规制方式一开始就受制于技术发展的程度，每一次跨越式的技术进步都会带来学术期刊传输渠道的拓展和接受终端的变革。作为现代信息产业的核心部门，传媒业对信息技术依赖程度最高，同时也是信息技术转化最快的领域。数字化革命引起的媒介融合趋势打破了以往媒介形态分割的局面，文字、图像、声音和视频全部统一为数字化的形态。各种媒介形态之间出现了公共的领域——数字化媒体。不同类型的传统媒体，按照各自擅长的方式经营不同的数字化产品，并不断扩宽领域，为受众提供真正的多媒体信息。在此情形下，传统规制变得越来越难以适应技术进步条件下产业发展的需要，最终促成了世界范围内规制变革的潮流。

4 学术期刊质量评价及构成

学术期刊质量评价是学术界对期刊进行评估和排名的过程。学术期刊质量评价在一定程度上反映了期刊的学术声誉和影响力，也有助于研究人员选择合适的期刊发表学术论文。但是，学术期刊质量评价只是评价学术期刊质量的一部分，需要综合考虑多个评价指标和学科的特点来评估学术期刊质量。

4.1 学术期刊质量的定义及深层次理解

4.1.1 学术期刊质量

根据国家标准 GB/T 19000—2016《质量管理体系 基础和术语》，"质量"的定义是指客体的一组固有特性满足要求的程度。"固有特性"是指本身就存在的，尤其是那种永久的特性。对学术期刊而言，文字、纸张、刊期、出版日期等是固有特性，而学术期刊的具体内容、版式设计等则是赋予特性。只用固有特性来定义学术期刊的质量比较片面，因为学术期刊的固有特性与赋予特性紧密相联。因此，"学术期刊质量"是指期刊特性满足读者要求的程度，无论是固有特性还是赋予特性。

读者的要求包括显性要求和隐性要求两种。读者的显性要求是来自刊物征订时的承诺，如刊物的宗旨、内容、刊期、发行时间、定价、开本和页码；读者的隐性要求则是读者的期望，即读者认为一本学术期刊应具有的其他特征，包括对内容的认同、版式设计的美感、与读者的互动程度。一本学术期刊满足读者要求的程度反映了刊物质量的高低。

4.1.2　学术期刊质量深层次理解

根据新闻出版署2020年印发的《报纸期刊质量管理规定》，期刊质量包括内容质量、编校质量、出版形式质量和印制质量，分为合格和不合格两个等级。所有项目均合格的，其质量为合格；项中有一项不合格的，其质量为不合格。

从学术期刊质量的定义出发，可以衍生出对学术期刊质量的进一步认识：第一，学术期刊质量是针对作为产品或者服务的实体期刊，是有形的。第二，学术期刊质量本身是一个事物的内在特性，是客观存在的。第三，学术期刊质量与一些既定的标准或者目标（如刊物宗旨）有关，是可预期的。第四，学术期刊质量是动态的、发展的。第五，学术期刊质量涉及个人的主观价值判断，会因人而异。第六，学术期刊质量有其实用性，必须满足读者的某些具体要求。第七，学术期刊质量是相对的，可与其他可替代期刊相比较。第八，学术期刊质量具有可评价性，不管这种评价是定量的还是定性的。第九，学术期刊质量要适应社会和市场的要求。第十，学术期刊质量与"卓越""一流""优秀"等最高要求紧密相联。

4.1.3　学术期刊质量构成与管理

学术期刊作为一种信息载体，有其共同的质量标准，包括政治质量、学术质量、信息质量、编辑质量、印刷质量和发行质量等。因此，必须采取有效的方法，才能保证在这个系统下，信息工程各环节协调和动态平衡。控制论研究的核心问题是系统的稳定性、优化及控制问题。

控制论中的模型化方法是解决理论与实践矛盾的方式之一。应以学术期刊的建设为总体目标，通过控制论的模型化，建立逐步培养高素质编辑人才的模式或机制，健全学术期刊标引质量的鉴别及复核制度。

质量管理是指在质量方面指挥和控制组织的协调的活动，质量控制是质量管理的一部分，是致力于满足质量要求的一系列行动。学术期刊质量控制的目标就是确保期刊的质量能满足读者、法律法规等方面质量要求。学术期刊质量是期刊出版各方面、各部门、各环节工作质量的集中反映，质量控制的范围涉及期刊质量形成过程的各个环节及其相关人员，如选题策划、组稿、选稿、审稿、编辑、校对、印刷和发行等。因此，学术期刊质量可分为学术期刊整体质量和刊发文章个体质量两大类，进一步细化，学术期刊整体质量包括栏目设计质量和出版质量，刊发文章个体质量包括文章的政治质量、学术质量、编辑质量和校对质量。

4.2 学术期刊质量评价指标体系

4.2.1 简单指标体系

（1）1992年国家科委、中宣部、新闻出版署联合评价

1992年国家科委、中宣部、新闻出版署联合举办首届全国优秀科技期刊评比活动，对学术期刊的评价从政治标准、学术水平、编辑质量和出版质量等方面采用模糊评价法和评比法进行打分，并以此对科技期刊进行评价。从政治质量、学术质量、编辑质量和出版质量等方面衡量，能间接反映刊物的总体质量，并不能直接反映出刊物哪个方面的优势。

政治质量包括坚持党的基本路线，贯彻国家科技出版、保密等政策和法规；执行办刊宗旨、深化改革、加强管理、提高效益等。学术质量包括获奖成果论文刊载数量、基金论文比例、引文频次、影响因子以及收录本刊的权威数据库或文摘刊物数目。编辑质量包括执行有关国家标准情况，量和单位是否符合规定；出版周期及信息密度情况；内容的科

学性、文字表述、标点符号等。出版质量包括封面与版式设计、印刷与装订和出版周期等。

政治质量是学术期刊都应时刻把握的，政治质量不合格的学术期刊应该禁止出版。编辑质量对于提高学术期刊的可读性具有重要作用。出版质量属于学术期刊的形式，对于增强读者对期刊亲近感和认同感有一定的作用。提高政治质量、编辑质量和出版质量，相对来说比较容易实现。而学术质量的提高并非一朝一夕就能实现，它是经过长期的甚至几代人的积累沉淀而成。由于读者注重的是论文的学术水平和参考价值，因此，对于学术期刊来讲，学术质量是刊物生存的根本，学术期刊是否具有长久的生命力，主要看该刊物刊载的论文是否有影响力。

（2）1998年以前三指标评价

随着学术期刊的发展，其编排质量有了较大的改观，具有统一的编排格式，按国家标准正确使用计量单位，校对差错率降低，印刷质量大大提高。然而，期刊引用报告（journal citation reports，JCR）对学术期刊的评价主要用三个定量指标来反映，即总引用数、及时性索引和影响因子。

总引用数在一定程度上受到载文量的影响，载文量大，则所载文章的选题种类更丰富，面向的目标读者更多，学术期刊所刊文章被引用的可能性就会加大。反之，载文量越少，学术期刊所载文章的选题种类越少，则越难以被目标读者（即潜在的引用者）在网络数据库中检索、下载和阅读，其被引用的可能性也将减少。当然，载文量不是越多越好。载文量与被引量并非简单的正相关关系。

及时性索引即某年该刊发表论文被引用的总次数/该年该刊发表的全部论文数。该指标可以看出学术期刊当年度的文章影响力，反映出哪些学术期刊发表的文章比较热门，哪些期刊发表的文章比较边缘化。

影响因子即某刊前两年发表论文被引用的总次数/该刊在这两年该发表论文的总数。因此，影响因子是评价期刊质量的重要指标。影响因子的大小反映了期刊被引用的程度，代表了学术期刊被同行的认可程度，影响因子越大，表明学术期刊被引用的程度越高，在一定程度上也可以认为学术期刊的质量越高。

（3）1998年版科技期刊评价指标

中国科技期刊引证报告（1998年版）利用六个文献计量学指标对科技期刊进行综合评价。这六个指标分别是总被引频次、影响因子、即年指标、论文地区分布数、基金资助论文比例和期刊被引半衰期。

总被引频次是指被评价科技期刊历年发表的科技论文在评价当年被其他科技期刊及该被评价期刊本身引用的总次数，以频次来表示这一科技期刊在科学交流中被使用的程度。

影响因子是指被评价科技期刊近两年的平均被引率，即该被评价科技期刊前两年发表的科技论文在评价当年被引用的平均次数。这个指标是一个相对数量指标，能够较好地反映科技期刊被使用的真实客观的情况。一般认为，某一科技期刊的影响因子越大，该科技期刊在科学发展和文献交流过程中的作用和影响力就越大，其学术水平也就越高。为便于表达影响因子的计算式，用 Q 表示影响因子，用 A 表示被评价科技期刊前两年发表的科技论文在评价当年的被引用次数，用 B 表示被评价科技期刊前两年发表的科技论文的总数。影响因子的计算公式可表达为 $Q=A/B$。

即年指标也称当年指数，是指被子评价科技期刊当年发表的科技论文被引用次数除以这一科技期刊当年发表的科技论文的总数。该指标可以表征科技期刊的及时反应速率，故科技期刊论文被用户利用的速度或时差也是评价科技期刊的一个重要数据。

论文地区分布数是衡量被评价科技期刊全国性水平的评价指标，《中国科技论文统计与分析》课题组按省份计算，取近几年被评价科技期刊发表的科技论文所涉及地区数量的平均数。

基金资助论文比例是指被评价科技期刊发表的科技论文中基金资助产出的科技论文数占所发表的科技论文总数的比例。科技期刊载文的基金资助比例高，说明这一科技期刊学术水平较高。故这个指标是表明被评价科技期刊所载论文的学术水平和质量高低的一个重要指标。

期刊被引半衰期是衡量期刊老化速度的一种指标，即某一科技期刊论文在某年（1年时间内）被引的全部次数中，较新的一半是在最近多长一段时间内发表的，一般来说，被引半衰期长的期刊要比短的期刊的影响更深远些。

为了更全面客观地评价科技期刊的学术水平，《中国科技论文统计与分析》课题组沿用除被引半衰期外的五个文献计量学指标，又增设了平均引用率、普赖斯指数和他被引率三个文献计量学指标。

平均引用率是在给定时间内被评价科技期刊引用参考文献的平均数量，即这期科技期刊发表的每篇科技论文引用参考文献的平均水平。这个指标是描述被评价科技期刊吸收外部信息能力的重要指标。

普赖斯指数是用来表征科技期刊文献老化速度及相应学科发展特点的指标，普赖斯指数是指出版年限不超过五年的被引文献数量除以被引文献总数的数值。这个指标可以方便地用于评价科技期刊的科技论文。

他被引率是指被评价科技期刊全部被引次数中，被其他科技期刊所引用次数所占的比例，也就是他被引率等于被其他科技期刊引用的次数除以这一科技期刊被引用的总次数。利用科技期刊的他被引率可以对科技期刊进行多方面的评价和推断。

（4）H指数和G指数

美国物理学家赫希（Hirsch）于2005年提出了一种新的评价个人学术成就的计量方法——H指数（H-index）法。一个人的H指数是指他至多有H篇论文分别被引用了至少H次，即在某数据库中让论文按被引次数依次从高到低排列，直到某篇论文的序号大于该论文被引次数。那个序号减去1就是H指数。布劳恩等进一步发展了该思想，将H指数用于期刊学术影响力评价中，并作出如下界定：对于一种期刊，如果它发表的全部论文中有H篇文章，每篇被引用数至少为H，同时要满足H这个自然数为最大，那么H即为该期刊的H指数。比利时文献计量学家鲁索以美国信息学会会刊（JASIS）（1991—2000年）为例，考察了期刊H指数随着"引文窗口"变化的情况，并引入期刊H指数的相对指标来考察期刊载文量对H指数变动的影响。所谓H指数的相对指标，即将H指数除以该卷期刊所发表的论文数之结果，也称期刊的相对H指数。

比利时著名科学计量学家埃格赫（Egghe）在分析H指数评价效果时，提出了一种基于学者以往贡献的G指数，即将论文按被引次数高低排序，并且将排序的序号平方，被引次数逐次累加，当序号平方等于累计被引次数时，这时的序号就被定义为G指数。如果序号平方不能恰好等于而是小于对应的累计被引次数，则最接近累计被引次数的序号就是G指数。G值越大，表明学者的学术成就越大。这一指标充分考虑了该学者以往发表的论文对其后续学术生涯的影响，体现了知识的累积性和继承性。受此启发，学者们尝试将G指数扩展应用到期刊评价中，选择图书馆学、情报学和管理学部分期刊进行简要比较和分析。其实，从指标的定义看，无论H指数还是G指数，其数值大小均与引文数据源有直接关系。

（5）学术期刊评价八指标

影响因子（impact factor）用论文平均被引率反映期刊近期在科学发展和文献交流中所起的作用，可测度近年期刊的学术影响力，是期刊前两年发表论文的被引次数占前两年论文总量的比例。计算公式为影响因子=某刊前两年发表的论文在该年的被引用次数/该刊前两年发表的论文的总数。

期刊被引频次（cited number of journal）从历史角度，用期刊论文被引用数量直接反映期刊在科学发展和文献交流中所起的作用，可测度期刊自创刊以来的学术影响力，是从信息反馈的角度评价期刊的基本指标之一。自期刊创刊以来全部论文在某一年被引用的总次数（绝对数量指标）平均引文率（meanciting rate），可测度期刊的平均引文（引证文献）水平，考察期刊论文吸收他人学术思想的水平。

平均引文率是指在给定的时间内，期刊篇均参考文献量（相对数量指标），通常可以反映期刊吸收信息的能力以及科学交流程度的高低。计算公式为平均引文率=期刊参考文献总数/期刊论文总数。

期刊他引率（non-self-cited rate）是指期刊被他刊引用的次数占该刊总被引次数的比例（相对数量指标），可测度某期刊学术交流的广度、专业面的宽窄以及学科的交叉程度。计算公式为期刊他引率=被他刊引用的次数/被引用的总次数。

期刊被引半衰期（cited half-life）是指某期刊现尚在被引用全部论文中较新一半的年代跨度，可测度期刊文献老化的速度。文献的半衰期受学科的内容、性质等因素的制约。一般来说，比较稳定的学科，其期刊半衰期要比正在经历重大变化的学科，或者说发展较快、较活跃的学科期刊半衰期长；基础理论学科的期刊半衰期要比技术学科的期刊半衰期长；历史悠久的学科期刊半衰期要比新兴学科的期刊半衰期长。

论文相关研究成果获奖数是指论文发表后，相关的研究成果获省、部级以上国家设立的四大奖数量和等级。国家设立的四大奖为自然科学奖、科技进步奖、发明奖、星火奖。这是一项能直接反映期刊学术水平的指标。

基金项目论文比例是指给定时间内，省、部级以上重大项目和基金项目的论文与期刊论文总数之比，可测度期刊在学术交流中的地位。

发表论文的机构数可测度期刊论文的机构分布情况。机构分布越广，说明期刊具有开放性和作者队伍具有广泛性。

4.2.2　综合评价指标体系

（1）石瑛和陈光宇指标体系（三层次二十二项指标）

石瑛和陈光宇（2002）运用层次分析法建立指标齐全和权重适宜的学术类科技期刊综合评价指标体系及评价模型。科技期刊评价的层次分析模型按其评价指标层次的隶属关系，包括三个层次、三项质量及二十二项评价指标。科技期刊评价的层次分析模型共分为三层：目标层，对科技期刊进行评价；准则层，对科技期刊进行评价的三方面准则；指标层，对科技期刊进行评价的二十二项具体指标，具体包括间接经济效益、管理制度、报道计划、期刊获奖情况、被国内外主要检索系统收录情况、获奖成果论文刊载率、刊载文献篇均数、信息密度、影响因子、被引次数、平均被引率、当年指数、文献半衰期、刊登论文被各类基金资助的比例、著者高级职称（或博士学位）比例、论文单位分布数、国际编委比例、国际著者论文比例、标准规范、报道时差、编校质量和装帧印刷质量。根据上述层次分析模型，采用加权求和的方法求综合评价值。在对科技期刊进行评价时，由于各评价指标对目标所起的作用不同，因而应有不同的权重。

（2）林春艳和莫琳指标体系（三层次十八指标）

学术期刊综合评价是一项复杂的系统工程，不同类型的学术期刊应该有不同的评价指标体系。学术期刊评价应该以静态评价与动态评价相结合、以定性评价与定量评价相结合。学术期刊综合评价指标体系包括两个系列（静态评价指标系列和动态评价指标系列）、两项水平（编辑出版水平和学术水平）、三个层次和十八项评价指标（编校质量、标准规范、装帧印刷质量、论文平均发表周期、社会效益、期刊获奖情况、影响因子、被引频次、反应速率、平均引文率、期刊他引率、基金资助项目论文比例、国际著者论文比例数、论文机构分布数、国际著名检索系统收录比例数、国内重要检索系统收录比例数、影响因子平均增长率、稳定指数）。

4.2.3 网络环境下的指标体系

（1）学术期刊评价指标体系（九指标）

学术期刊评价指标体系（九指标）是指评价指标由影响因子、总被引频次、即年指标、他引率、被引期刊数、被引半衰期、载文量、基金论文比和Web即年下载率组成，各指标定义见表4-1。

表4-1　　　　　　　　**学术期刊评价指标体系（九指标）**

评价指标	定义
影响因子	期刊前两年发表论文被引用总次数除以该期刊前两年发表论文总数
总被引频次	某期刊自创刊以来所登载的全部论文在统计当年的统计刊源中被引用的总次数
即年指标	某期刊当年发表论文被引用次数与该期刊当年发表论文数之比
他引率	某期刊总被引频次中，被其他期刊引用所占比例
被引期刊数	统计当年引用过该刊论文的期刊种数，反映了期刊的学术影响面
被引半衰期	某期刊统计当年被引用的全部次数中，较新一半的引用数是在多长时间内累计达到的
载文量	来源期刊在统计当年发表的全部论文数
基金论文比	来源期刊中各类基金资助论文占全部论文的比重
Web即年下载率	来源期刊当年出版上网被全文下载的篇次总和与该期刊当年出版上网的文献总数之比

资料来源：《中国学术期刊综合引证报告》（2008年）。

（2）苏学评价指标体系

期刊水平评价指标。第一，期刊影响因子，这是一个国际上通行的期刊评价指标。由于它是一个相对统计量，可以公平地评价和处理各类期刊。通常，期刊影响因子越大，它的学术影响力和作用也越大。具体算法为：期刊影响因子 IF=该刊前两年发表论文在统计年被引用的总次数/该刊前两年发表论文总数。第二，总被引频次，指该期刊自创刊以来所登载的全部论文在统计当年被引用的总次数。这是一个非常客观实际的评价指标，可以显示该期刊被使用和受重视的程度，以及在科学交流中的作用和地位。第三，即年指标，这是一个表征期刊即时反应速率的指标，主要描述期刊当年发表的论文在当年被引用的情况。具体算法为即年指标=该刊当年发表论文被引总次数/该刊当年发表论文总数。第四，他引率，指该期刊全部被引次数中，被其他刊引用次数所占的比例。第五，被引半衰期，指该期刊在统计当年被引用的全部次数中，较新一半是在多长一段时期内发表的。被引半衰期是测度期刊老化速度的一种指标，通常不是针对个别文献或某一组文献，而是对某一学科或专业领域的文献总和而言。第六，引用刊数，指引用被评价期刊的期刊数，反映被评价期刊被使用的范围。第七，平均引文数，指来源期刊每一篇论文平均引用的参考文献数。第八，来源文献量，指来源期刊在统计当年发表的全部论文数。这是统计期刊引用数据来源。第九，地区分布数，指来源期刊登载论文所涉及的地区数，按31个省、自治区和直辖市（不含港澳台地区）统计。这是衡量期刊论文覆盖面和全国影响力大小的一个指标。第十，基金论文比，指来源期刊中，各类基金资助的论文占全部论文的比例。这是衡量期刊论文学术质量的重要指标。

论文被引用评价指标。第一，论文被引次数，指论文自公开发表以来在统计年总共被引用的次数，该指标可以显示论文的被重视程度以及在科学交流中的作用和地位。第二，平均引证期刊水平，指引证论文所在期刊的水平。该指标同样可以显示论文的被重视程度，一般来说，被高质量期刊引用的论文质量较高。

论文被摘录评价指标。第一，国际著名检索系统收录。该指标是指被美国《科学引文索引》（SCI）、《社会科学引文索引》（SSCI）、《艺术与人文引文索引》（AHCI）、美国《工程索引》（EI）、美国《化学文摘》（CA）、英国《科学文摘》（SA）、俄罗斯《文摘杂志》（AJ）、日本《科学技术文献速报》（JST）、法国《文摘通报》（BS）和美国《生物学文献》（BA）等收录。第二，国内数据库收录。该指标指被中国科学引文数据库、中国科技论文与引文数据库、中国人文社会科学引文数据库、中文社会科学引文数据库、中国期刊网全文数据库、维普中文科技期刊数据库和万方数据库资源系统数字化期刊等收录。

论文基金资助情况评价指标。该指标可按照申请基金的级别划分为国际基金资助、国家部委基金资助、科研院所基金资助、高校基金资助和地方基金资助。

4.2.4 学术期刊评价新指标

（1）特征因子

特征因子由华盛顿大学和加州大学圣塔芭芭拉分校的 West 等组成的研究团体构建和完善，其工作原理类似 Google 的网页排名。两者都基于社会网络理论，区别在于 Google 利用网页链接，而特征因子则借助引文链接。其都基于整个社会网络结构对每篇论文（或每个网页）的重要性进行评价。特征因子的具体工作原理是首先随机选择一份期刊，并随机选择该期刊中的一篇参考文献链接到另外一份期刊，然后在这份期刊中又随机选取一篇参考文献再链接到下一份期刊，依此类推。与期刊影响因子不同的是，特征因子不仅考察了引文的数量，而且考虑了施引期刊的影响力，即某期刊如果越多地被高影响力的期刊引用，则该期刊的影响力也越高。正如 Google 考虑超链接的来源，特征因子也充分考虑引文的来源，并在计算中赋予不同施引期刊的引文以不同的权重。特征因子推出后，国内外已有一些学者对特征因子进行了验证、研究，目前认为特征因子对于评价期刊影响力还是可行的。但其是否有不可避免的缺点或弊端，还有待进一步研究。

（2）SJR

SC Im ago Journal&Country Rank（SJR）是由西班牙 SC Im ago 研究小组推出的，用于分析期刊和国家科学指标，所有数据均可以在 SC Im ago Journal & Country Rank 门户网站上进行查询。其数据基于 Elsevier 公司的 Scopus 数据库 1996 年以后的数据。SJR 的统计数据基于 90 多个国家、15 000 多种期刊，相对 SCI 收录论文更全面，同时在分析指标上进行了改进。该指标不仅衡量期刊被引的数量，还衡量期刊被引的质量。其原理是以期刊的引用关系来评价期刊的质量，将期刊 1 引用期刊 2 的次数认作期刊 1 对期刊 2 的认可程度，而期刊 2 在期刊 1 处所得到的分数即为期刊 1 的得分与期刊 1 对期刊 2 的认可程度相乘。

（3）论文—计数影响因子

论文—计数影响因子（article_count impact factor，ACIF）由 Markpin 等在 2008 年提出，ACIF 是本年度被引用的论文数与该期刊在前两年间所出版的所有论文数之比，其中所有论文指原创性研究论文、评论、完整的进展性论文和简报性论文等，不包括期刊编辑通告、通知、会议摘要和正误表等。ACIF 的引入主要是为了与影响因子的值进行比较，所以 ACIF 的计算也利用了过去两年内的数据。ACIF 的结果和变化趋势与影响因子完全一致，但是，当评价影响因子相同或类似的期刊质量时，ACIF 就会显示出它明显的优越性。

（4）基于上下文具体语境的评价指标——SNIP

为了弥补科研评价指标的不足，莱顿大学社会学系科学与技术研究中心的 Moed 教授开发了一个基于上下文具体语境的评价指标——SNIP（单篇论文的源标准化影响）。SNIP 在五个方面考虑了评价的特定语境。第一，它考虑了特定学科领域的被引频次，这有利于纠正不同学科在这个方面的差异，即被引行为在一些学科比另外一些学科更为普遍。第二，它考虑了引用的速度问题，即论文发表后，在多久之后会被他人引用。在一些领域，论文发表后，需要等待更长的时间才被他人引用；而在另外一些领域，论文会在更长的时间内被持续引用。第三，它考虑了某一特定学科的被用于分析的源数据库对文献的覆盖程度。第四，对于期刊所属学科的划分不是基于固定的期刊分类法，而是在考虑期刊刊载文章的前提下进行定制划分，这样就使得每一份期刊的学科归属相对比较准确。第五，在计算任何潜在的编辑数据处理方面，SNIP 只应用于期刊中的同行评审论文，这是对目前文献计量指标的一种有益补充。

4.2.5 总结与启示

纵观学术期刊质量评价指标体系，是由最初的定性指标（政治质量、学术质量、编辑质量和出版质量）发展到后来的定量指标。定量指标由最初的三指标发展为五指标、六指标、八指标、九指标，以及学者们探讨的更多的指标；由最初的等权研究到后来的赋权研究，研究内容更加全面，研究方法更加先进，评价结果更加科学、可比。但是，所有指标体系的诞生都是学术期刊质量发展到一定阶段的结果。在发展初期，学术期刊质量只能是定性分析，随着学术期刊质量的不断提高，要求能更全面、更准确地评价学术期刊质量并能进行比较，这就要求评价指标更多、可以进行定量分析，并能适应经济社会中的重大变革，将媒介融合对学术期刊质量的影响加入其中。

需要注意的是，不同学科领域可能有不同的评价标准，且存在一定的局限性。因此，在评估学术期刊的质量时，需要综合考虑多种指标，并结合具体领域的需求、重要性和可信度进行综合判断。所有指标体系的构建都依托于评价目的，本书最终目的是推进学术期刊高质量发展，为此必须从学术期刊质量构成出发，研究社会对学术期刊认同的方向和重点，找出学术期刊发展的关键，重点打造品牌栏目，并从精选优秀文章、精雕编辑加工和提高编辑素质等方面完善学术期刊编辑流程，进而实现学术期刊高质量发展。

4.3 学术期刊整体质量

4.3.1 栏目设计质量

栏目从字面上讲是栏界与科目，是在内容上、形式上体现一定特色，并有一个提示性、概括性名称的板块，是学术期刊内容的浓缩，也是学术期刊的窗口。栏目使学术期刊眉目清楚，条理明晰，让读者一目了然；栏目使独立的文章形成系列，塑造期刊整体形象；栏目体现刊物宗旨和期刊特色。栏目是学术期刊整体的有机组成部分，栏目设计质量直接关系到学术期刊的整体形象和质量，栏目设置体现的不仅是学术期刊内容在形式上的表达以及学术期刊性质与风格的统一，也在一定程度上反映了学术期刊在不同背景下的文化差异。

栏目设计应遵循以下原则：第一，点面结合，结构合理。栏目设置要有面，全方位满足读者需要；也要有点，从几个角度切入，以体现期刊宗旨和性质。点面结合，形成一定的块状结构。同时，合理布局，把握轻重，抓住重点，通过"拳头产品"塑造栏目形象。第二，既要稳定，又要创新。栏目不能常变，也不可一成不变，应在基本稳定的同时，开设新栏目满足读者新的要求。第三，名称简明，内容贴切。栏目名称力求简明，让读者眼前一亮；同时内容要贴切，与刊物整体结构相吻合，既新颖别致，不落俗套，又不显得突兀。

栏目设计质量标准。第一，栏目设计必须具有前瞻性，学术期刊能否反映当前某专业领域的发展态势和趋向，进而能否在一定程度上在专业内起到一定先进的导向作用，其关键在于栏目策划；而栏目策划在此种思想指导下进行，其首要之点，必然是要把握学科相关领域的热点与前沿。第二，栏目设计要有特色。特色是学术期刊的支撑点，是学术期刊的价值所在；特色也是学术期刊与作者、读者之间的纽带与桥梁，学术期刊可以凭借自己的特色吸引作者和读者，通过这种特色了解并认可期刊的质量，确定并接受自己的选择，从而实现社会效益和经济效益。第三，应充分发挥资源优势。学术期刊社应从自身优势出发，量力而行，把作者优势、编辑优势、学科优势、出版资源优势、社会信息优势都可转化为栏目优势。第四，重点打造品牌栏目。人们主观上总想"个个栏目耐读，篇篇作品精彩"，但不可能个个栏目有特色，因此，学术期刊社应根据自身的特色、优势所在，走个性化的发展道路，选择部分栏目重点培养，通过特色定位、特色巩固全力构建特色栏目品牌，使其成为学术期刊的特色标志，再以特色栏目为切入点，点带面，推动期刊整体水平的提高。

4.3.2　出版质量

出版质量包括排校质量、印刷质量和发行质量。出版质量的要求包括版式设计科学、规范、合理、美观、布局协调；版权、目次页内容符合标准，要求的项目齐全；四封庄重、富有特色；印刷清晰，墨色相宜，均匀，无污迹；装订整齐、规范、坚固；提高印刷质量，如期发行；及时搜集并反馈社会各界对学术期刊的反映和对学术信息的诉求。

出版质量控制在实现传播功能、促销功能、强化记忆功能和审美功能等方面起着重要作用。第一，实现其传播功能。由于编辑人员对载文内容的深刻理解，使编辑人员应用各种排版系统进行的版面设计能达到载文层次分明、重点突出的效果。学术期刊外在形式尤其是版面的美观不是为形式而形式，而是为内容服务的，应该与内容完美结合。在灵活运用各种艺术手段装饰期刊时，编辑必须根据稿件的内容赋予文章在期刊整体中最适当的形式，使客观内容与主观认识有机地结合起来，使读者透过版面感受到文章的重要性，实现其传播功能。第二，减少阅读疲劳。同一编辑校对同一篇稿件容易产生阅读疲劳，如果版式设计科学、规范、合理、美观，布局协调，校样清晰、美观，编辑的阅读疲劳感就会大大降低，甚至消失；读者会更有阅读兴趣，阅读速度更快，记忆更深刻。第三，给读者以美的享受。学术论文如果在硬性思维、严密推理、精确论证中多一些美感，不仅会让读者涤荡胸襟，净化心神，也会让读者的形象思维、艺术灵感与逻辑思维、推理的判断并驾齐驱，互为补充。因此，正确处理规范化与灵活性的关系，提高出版质量，能给读者以视觉上的审美冲击。

学术期刊的版式设计是指在特定的编辑思想指导下，对特定的某种学术期刊整体构成及每个版面的规划设计，具体包括封面、封底、封二、封三、扉页、内页、插页（含广告等）和书脊等的设计。第一，封面设计。由于学术期刊严肃性的特点，封面颜色和图案应该大方，接近读者，切忌浮躁和奢华，不宜过于花哨。目前，一般的学术期刊封面均是单一色调，并以刊名等字体颜色的合理搭配。刊名是学术期刊的首要特征，是绝大多数读者最先认识期刊途径。因此，刊名的内涵和外延应该恰如其分地反映学术期刊的个性特征。第二，推出书眉的新颖设计。书眉的面积虽然不大，但地位却非常重要，它可以起到活跃版面气氛，强化文章主题的作用。可以将其设置在版面的上部、下部，左侧或右侧，可横排或竖排，形状也可多种多样，甚至可以插入图案。第三，科学利用不同的字体进行版式设计。文字版式设计是现代书刊装帧不可分割的一部分，成功驾驭字体、字号、字距行距等，对期刊的视觉传达效果有着直接的影响。每一种字体都有其自身的表情，如黑体给人以醒目、严肃的感觉，老宋体和楷书有端庄刚直的表情，而仿宋则给人以清秀亮丽之感。将不同字体搭配好，不仅可以突出重点，方便阅读，还可以使平淡的版面灵动起来，富于美感。第四，巧妙安排图表。在适当的位置布置图片或表格，不仅是对文章内容的诠释补充，还可以起到活跃版面的作用。文章作者提供的原始图表，要进行再加工，确定其大小及位置，使其与文字有机结合，更好地体现科学之美与视觉之美，使版面"动起来""活起来"。第五，装订质量和纸张质量直接影响读者对学术期刊的印象，尤其应该注意期刊书脊文字的端正程度，封面字体的端正程度。纸张质量是影响读者印象的重要因素，在编辑部财力能够承受的情况下，应尽量选用质量高一些的纸张，尤其是封面纸张更需要如此。

4.4　刊发文章个体质量

4.4.1　政治质量

坚定正确的政治方向，是办刊人永葆崇高的奉献精神的支柱。在学术期刊选题策划、组稿选稿、编辑、出版和发行过程中，认真贯彻国家有关学术期刊出版方面的政策、法规；在学术研究上认真贯彻执行"百花齐放，百家争鸣的方针"，坚持辩证唯物主义和历史唯物主义方法论，重视社会主义精神文明建设，在注重社会效益的前提下提高经济效益。

政治质量控制体现在办刊过程中必须坚持党的基本路线，执行国家有关学术期刊出版的政策法规，执行有关保密、版权、专利等规定。虽然科学无国界，但科技工作者、科学研究过程、成果发表、技术应用等都涉及国家战略、国家政策、民族利益和社会伦理等。学术期刊政治质量控制必须保证所刊发的学术论文体现国家科技发展战略和国家科技政策等，维护国家利益和民族利益，不违背社会伦理，不违反保密规定。政治质量控制要求学术期刊必须具有明确的办刊方针和宗旨，坚决执行国家有关科技、出版方面的政策、法规，执行国家保密、版权、专利等方面的规定，时刻与党和国家的大政方针保持一致。

4.4.2 学术质量

学术质量是学术期刊区别于其他期刊的本质特征，是其报道的科研智力成果，是学术期刊向读者传播的科技知识和智力成果。学术期刊的学术质量体现在以下四个方面：第一，突破性。论文的观点、理论、数据和结论等要不拘泥于前人的研究成果，有所突破和创新。第二，前瞻性。学术期刊应反映学科的学术水平和发展动向，及时报道重大科研成果和科研进展，代表学科发展前沿，具有超前意识。第三，严谨性。论文的立论科学、正确，材料翔实、可靠，论证充分，理论分析符合逻辑，实验研究数据齐备。第四，指导性。论文应密切联系实际，针对当前迫切需要解决的理论和实际问题，提出切实可行的指导性措施和对策，及时将科研成果转换为现实生产力。

学术质量是科技学术期刊的核心。第一，所发表的论文反映了本领域的学术水平和发展动向，及时报道重大科研成果和科研进展，代表学科发展前沿，有超前意识。第二，所发表的论文观点要有所创新或理论有所创新，或者有新的数据和结论，要有突破性；科学性，论文立论科学、正确、充分，理论分析要符合逻辑，实验研究数据要齐备。第三，科技期刊学术质量表现为同行专家的定性评议与基于文献计量学的定量评价，要控制学术质量必须通过多种手段吸引大量优秀的稿件和作者，必须有大量优秀的审稿专家。只有稿源丰富，学术期刊才有选择的余地；只有来稿质量高，学术期刊才能优中选优；只有通过专家审稿，才能正确评价论文的学术价值和质量。

学术质量控制的关键在于通过多种手段吸引大量优秀的稿件和作者，同时拥有优秀的审稿专家。当稿源丰富和稿件质量较高时，学术期刊选择的余地大，才能实现优中选优，从而实现学术期刊的质量要求，完成质量控制的全过程。因此，编辑可以通过以下五个环节来控制质量：即优化选题，重点组稿；严格审稿，认真遴选；精心加工，仔细校对；优质排印，准期出刊；重视审读，注意反馈。

4.4.3 编辑质量

学术期刊编辑质量体现在文章题名与各部分的脉络、文章结构、编辑规范和文字加工等方面。具体而言，文章题名应该能概括并统领全文，简洁、准确；文内上级标题统领且服务下级标题，下级标题支撑上级标题。整体布局科学、合理，各段落层次分明，结构严谨，条理清晰，逻辑性强，紧紧围绕相关内容。编排上要贯彻执行有关国家标准和规定，科技名词术语统一、标准、规范；数据、公式、反应式和结构式等正确真实；文字精练，标点符号和数字使用正确。

根据学科发展情况和读者需要，有选择地组织学术论文；努力减少稿件在编辑部的滞留时间，以尽可能快的速度刊发；选题配置得当，栏目设计合理，体例一致；确保无学术性错误；文章层次分明，结构严谨，条理清晰，逻辑性强，文字精练，标点符号、数字使用正确。编辑质量控制包括审稿质量和编辑加工质量。

4.4.4 校对质量

校对是学术期刊编辑出版流程中的重要环节之一，是学术期刊出版发行的重要条件，在一定程度上直接决定着学术期刊的质量和效益。为保证学术期刊校对质量，校对工作必须遵循一定的规范和程序。"三校一读"制度是中国校对工作的基本制度，是指校样必须经过一校、二校、三校和通读检查，这是学术期刊校对次数的下限，是保证学术期刊校对质量的基本要求（孙艳，2013）。

一校。校对人员根据原稿核对校样，完成校异同的各项任务，在排版单位毛校质量已经达到规定标准的前提下，做到灭错率达到规定要求，兼顾校是非。一校一般由责任编辑进行校对，责任编辑严格按照国家标准的编排规范，对照原稿检查字词、术语、标点符号、句子、段落等方面是否有差错或遗漏。以发现录排差错、格式差错和非规范文字为重点，争取在一校阶段做到版面基本定型。一校将校样中除正文以外其他相对独立的部分划分为不同的子系统，具体包括摘要系统（摘要、关键词）、文章检索标识系统（中图分类号、文献标识码、文章编号、收稿日期、基金项目和作者简介）、标题系统（各级标题）、图表（图表题名及其注释）、书眉（作者、篇名、出版事项标识）和参考文献等。

二校。校对人员依据原稿核对校样，完成校异同的各项任务，消灭一校可能遗留的错误，并核对一校所改之处是否正确，兼顾校是非。除检查一校中要改的地方是否都已改正外，校对人员还要通读全文，再次全面检查校对中应注意的问题。不仅要重在发现和纠正校样上的差错，还要深入发现原稿中有无疏漏，力求精益求精。

三校。校对人员依据二校样核对经改版打印的三校样，完成校异同的各项任务，消灭一校、二校后可能遗留的错误，同时将校是非作为三校工作的重要内容。三校主要改文字词语方面的错误，修改不符合国家标准的数字、标点符号、量与单位和专业术语等的错误用法，以及明显的政治性、原则性和知识性的错误。三校是对全文进行统校，注重全文系统的各项出版著录标识、用字统一、各类编序的连续性和行文规范。

5 学术期刊的历史变迁与政府规制

1949 年，中华人民共和国成立后，党对期刊事业高度重视，学术期刊逐渐建立起规范的出版体系。改革开放以后，中国学术期刊的数量、质量和国际影响力都得到了显著提升。随着数字化和互联网的发展，许多学术期刊开始寻求数字化转型。近年来，中国还积极推动学术期刊国际化发展，鼓励期刊参与国际合作与竞争，提升国际学术影响力。与此同时，政府对学术期刊的发行、内容审查和出版管理等方面进行规制，并制定相关的法律法规和政策来管理学术期刊的活动。

5.1 学术期刊的发展历程

5.1.1 初步发展时期（1949—1965 年）

1949 年，中华人民共和国成立初期，百业待兴，期刊业存在期刊数量极少、类别既不齐全又不合理、区域分布不均、发行渠道不畅通和出版无计划性等问题。1950 年，全国期刊共有 247 种，发行总量约 200

万册；期刊分布以华东地区最多，占全国期刊总数的 43%；发行量以华北地区最多，占全国发行总量的一半（董毅敏和秦洁雯，2019）。

中华人民共和国成立后，在快速恢复和发展经济的同时，迫切需要建立新的出版体系，满足人民群众的精神文化需求。1949 年 11 月，中央人民政府出版总署成立，负责管理全国出版工作。这一时期不断壮大国营出版、印刷和发行事业，通过对私营出版业进行社会主义改造，1956 年，初步建立中华人民共和国的出版事业。中华人民共和国成立后，党对期刊事业高度重视，加强了对期刊事业的领导，大批知名专家学者担任期刊主编和编委，期刊出版质量上乘。这一时期，期刊业发展迅速，门类渐次齐全，中国学术期刊迅速得到了恢复和发展，学术期刊出版格局基本形成，并确立了党对学术期刊的统一领导。

作为出版业的一部分，学术期刊成为政治宣传和意识形态教育的重要组成部分。由于当时的历史背景和社会环境，党和政府突出强调学术期刊的意识形态属性，忽视了学术期刊的市场属性及其自身的发展规律，这一时期学术期刊的主要任务是配合党和国家政治、经济和文化生活的需要，以计划经济方式出版运作，缺乏灵活的经营管理机制。

1956 年，毛泽东在中共中央政治局扩大会议上提出了"百花齐放，百家争鸣"的繁荣文艺、发展科学的方针，确立了正确的编辑出版指导思想，为中国期刊事业的发展指明了方向。1953—1957 年第一个五年计划期间，期刊规模迅速扩张，期刊种数从 295 种增至 634 种，平均每年增长 21.65%；年总印数从 1.72 亿册增加到 3.15 亿册。1959 年，期刊种数已增至 851 种，印数增至 5.28 亿册，总印张数增至 12.05 亿印张（宋应离，2000 年）。期刊业基本形成学科门类齐全、出版层次和结构合理、富有发展活力的崭新体系，为今后的进一步发展奠定了基础。

但 1960—1962 年的经济困难时期，党中央停办部分期刊，以保证必要学术期刊的出版工作。部分专业学会、高等院校主办的学术期刊（如《哲学研究》《经济研究》）陆续停刊，期刊数量由 1959 年的 851 种急速回落到 1960 年的 442 种，总印数及总印张数急速下降。1960—1962 年的出版种数分别为 442 种、410 种和 483 种；期刊印数分别为 4.67 亿册、2.32 亿册和 1.96 亿册；总印张数分别为 10.31 亿印张、5.11 亿印张和 4.20 亿印张。1962 年，随着经济的好转，停刊、休刊的学术期刊开始复刊，并且出现一些新办期刊，期刊种数有所增加，但印数和总印数继续锐减，当年全国每人平均占有期刊仅 0.3 册，相当于 1951 年的水平（高光明，1989）。

三年经济困难时期结束后，国家社会经济各项事业开始恢复发展，1963 年和 1964 年期刊业发展出现小高峰，期刊出版种数分别为 861 种和 856 种；总印数分别为 2.34 亿册和 3.53 亿册；总印张数分别为 5.39 亿印张和 8.19 亿印张。到 1965 年，受当时政治形势的影响，期刊出版种数减少至 790 种，而印数和总印张数持续上升，印数为 4.41 亿册，总印张数为 9.35 亿印张（董毅敏和秦洁雯，2019）。

5.1.2　停滞时期（1966—1976 年）

"文化大革命"时期，全国许多出版机构瘫痪、被撤销，包括学术期刊在内的出版工作遭到严重破坏，学术期刊出版受到极大破坏，许多学术期刊被迫停刊。全国期刊由 1965 年的 790 种骤然下降到 1966 年的191 种，1967 年再降到 27 种，至 1969 年，只剩下 20 种刊物。据不完全统计，1967—1970 年，仅有《新医学》《新中医》等极少数不定期的新办学术期刊。期刊总印数也骤然下降，1965 年期刊总印数为 4.41 亿册，1968 年只有 0.28 亿册，其中《红旗》杂志就占了一半以上。

1970 年之后，在周恩来等老一辈无产阶级革命家的关怀下，中国期刊事业得到一定程度的恢复发展。1971 年，"全国出版工作座谈会"召开，随后中共中央向全国有关部门发出文件，明确指出："根据需要和可能，逐步恢复和创办一些理论、文学艺术、科学技术、学术研究、文教卫生、体育等期刊，首先要注意恢复创办工农兵、青少年迫切需要的期刊。属于社会科学方面的期刊，报中央组织宣传组批准；属于文学艺术方面的期刊，报国务院文化组批准；其他方面的期刊，报国务院有关部门批准。"学术期刊工作迎来转机，陆续复办并新办了一批学术期刊，如新办的学术期刊有《自然杂志》《自然辩证法通讯》《中国医科大学学报》等。期刊种数很快便由 1970 年的 21 种上升到 1972 年的 194种，到 1974 年已恢复出版 382 种。1975 年初，邓小平主持中央日常工作后，进行了大刀阔斧的整顿，对凋零的期刊事业给予密切关注。1976年全国共有期刊542种，总印数5.58亿册（宋应离，2000）。

5.1.3 快速发展时期（1977年至今）

党的十一届三中全会把工作重点转移到社会主义现代化建设上来，出版行业随之开始复苏，中央政府和省级政府建立了新闻出版管理机构。为了加强对出版行业的指导，1983年，中共中央、国务院作出《关于加强出版工作的决定》，这一决定详细阐述了出版的重要地位和作用，第一次提出要注意出版物的经济效益，还指出现有体制与出版事业的发展不相适应。

中国期刊出版事业进入了一个快速腾飞时期，期刊规模迅速扩大，期刊市场逐渐完善。截至1999年，中国期刊已达8 187种，印数28.46亿册。1977—1999年，中国期刊种数和印数的年平均增长率分别为12.38%和7.68%。

2001年，党的十六大提出，积极发展文化事业和文化产业，继续深化文化体制改革，抓紧制订文化体制改革的总体方案。2003年，中共中央、国务院启动文化体制改革试点，有21家新闻出版单位参加试点，试点从体制创新入手，力图为全面展开的文化体制改革积累经验。2005年，中共中央、国务院颁布的《关于深化文化体制改革的若干意见》明确提出，一般出版单位要逐步转制为企业，新闻出版总署进一步提出出版发行体制改革的总体思路，一大批中央部委出版社、高校出版社以及报刊社开始着手进行转企改制。

进入21世纪后，中国期刊业发展开始脱离高速增长期，进入缓慢增长、稳步发展的阶段，逐渐由粗放型发展转向集约型发展。期刊种数、印数的增长速度均放缓，这一时期，期刊改革初步展开，互联网技术深入应用于期刊编印发流程，版权合作急速升温。

2003年以后，期刊种数增长与总印数发展不同步现象越来越明显。期刊种数持续增长，由2003年的9 074种增至2004年的9 490种。经过一段平稳期后，由2008年的9 549种升至2009年的9 851种，之后再次进入平稳期，直至2015年期刊种数突破10 000种后，持续平稳增长。

期刊总印数自 2003 年的 29.47 亿册降至 2005 年的 27.59 亿册。这一时期，期刊品牌化、期刊企业集团化高速发展；期刊跨媒体、跨国界、跨行业深度合作；期刊"走出去"步伐加快，传播力增强；期刊行业组织进一步发挥作用（董毅敏和秦洁雯，2019）。

在国家顶层设计的强力推动下，截至 2012 年底，除少数公益性和军队系统出版单位外，全国经营性出版单位均实现从事业到企业的转变。到目为止，大多数转制企业并未实现预想的转企改制以后的跨越式发展和繁荣，出版物市场依然处于滞胀和低迷状态。当然，也有转企改制成功的出版单位，如清华大学出版社和北京师范大学出版社。其成功除了转企改制工作准备充分外，最重要的是主管主办部门的大力支持以及原有经济实力雄厚和社会影响力较大。因此，离开政策和资本的支持，转企改制很难实现。国内其他各大学出版社，结合自身实际，制订和实施了各具特色的转企改制方案。

移动互联网的迅速普及、大数据的运用和知识服务的发展，使中国期刊业的发展受到又一波冲击。在 2012 年印数达到 33.48 亿册的顶峰后，中国期刊印数自 2013 年开始逐年下滑，至 2018 年总印数为 22.92 亿册。不过，在经历了几年下滑后，期刊利润总额在 2016 年开始有所回升，这表明期刊业供给侧结构性改革已初显成效。新的时期，随着信息技术的迅猛发展，深化期刊结构调整，促进期刊知识服务进一步发展，培育世界一流学术期刊将是未来发展中需要重点关注的课题。

5.2 学术期刊的发展现状及问题

5.2.1 学术期刊的发展现状

美国传媒业是其支柱产业，其产值占 GDP 的比重超过 5%。中国传媒业对经济增长的贡献明显偏低。按照国家统计局的分类标准，"文化及相关产业"是指为社会公众提供文化产品和文化相关产品的生产活动的集合，包括文化产品的生产、文化相关产品的生产两部分 10 个大类。其中与新闻出版相关的分类如下：新闻出版发行服务包括新闻服务、出版服务和发行服务，其中新闻服务即新闻业，出版服务分为图书出版、报纸出版、期刊出版、音像制品出版、电子出版物出版和其他出版业，发行服务分为图书批发、报刊批发、音像制品及电子出版物批发、图书、报刊零售，音像制品及电子出版物零售。文化产品生产的辅助生产包括版权服务和印刷复制服务，其中版权服务分为知识产权服务、版权和文化软件服务，印刷复制服务分为图书、报刊印刷，本册印制，包装装潢及其他印刷，装订及印刷相关服务，记录媒介复制。因此，作为出版业的一个细分行业，学术期刊产业在国民经济中所占比重有限，就经济方面而言，对国民经济总体影响不大。总之，目前学术期刊出版在国民经济总量中所占比重较小，从经济角度而言，这么小体量的产业，采用什么机制无关大局。

中国学者普遍以公益性媒体和经营性媒体对媒体进行分类，以媒体的主要功能为基础，建立不同类型的媒体以及相应的管理体制是国内外学者较为一致的思路。学术期刊在改革和发展过程中首先应坚持"党和人民喉舌"的基本定位不变，兼顾社会效益与经济效益，同时分摊改革风险、维持社会稳定、满足人民精神文化需求。学术期刊的政治属性、经济属性和公共服务属性应同时得到发挥。从现实情况来看，两种效益难以兼顾，三种属性相互冲突是目前中国媒体融合面临的最大困境。仅仅依靠技术创新无法从根本上解决统一媒体内部不同属性的矛盾与冲突问题。从中国社会改革和发展的现实来看，期刊系统至少应该包括"政治性期刊""公共性期刊""经济性期刊"三类，不同类型的期刊承担不同的任务，实现不同的功能，从而满足不同利益主体的需求。

5.2.2　学术期刊存在的问题

由于历史和体制原因，中国学术期刊与西方国家相比存在较大差距，其产值占比和增长速度明显落后于国内其他产业。中国学术期刊的国际影响力较弱，具有国际影响力的学术期刊相对较少。其主要原因包括市场化程度较低、产业结构不合理、资源配置效率低下和产业链不完整等方面。国内学术期刊的外在诱因和压力不够、内在动力不足阻碍了其繁荣发展。为了推动学术期刊实现数字化转型，国家积极支持数字出版、网络出版和手机出版等新业态的发展，促进了纸质学术期刊以传统媒介为主向传统媒介和新兴媒介融合发展转变，重塑其在学术期刊传播领域的主体地位。对此，国家应从顶层设计着手，尝试通过试点手段对部分学术期刊社进行政策扶植和资金资助，引导学术期刊社向数字化转型方向发展。

从宏观层面来看，国家对学术期刊数字化转型的引导更多的是形式方面的，对学术期刊社的数字化转型没有具体要求。从微观层面来看，不少学术期刊社只是为了转型而转型，内部的体制机制依然维持原来的格局，主要原因在于数字化转型的被动性、盲目性和外部条件的有限性。第一，数字化转型的被动性。学术期刊的数字化转型自始至终是由外在力量政府主导，学术期刊社内部转型动力不足，绝大多数学术期刊社处于被动转型的状态，转型的主动性、积极性和创新性明显不足。一方面，稳定的事业单位体制使很多学术期刊社缺乏转型的内生意愿和动力，如果没有政府顶层设计的推动和引导，多数学术期刊社没有数字化转型的需求；另一方面，政府尚未制定完善的数字化转型政策。第二，数字化转型的盲目性。目前国家还没有对数字化转型制定统一的时间表和路线图，如果各学术期刊社没有结合自身条件进行数字化转型设计，一味地盲目转型并不会取得预期的效果。第三，数字化转型外部条件的有限性。尽管政府为出版业数字化转型出台了一系列政策措施，但针对学术期刊的各项政策配套措施和基金资助少之又少，网络侵权盗版现象层出不穷，相关法律法规并不健全。

习近平总书记指出，提高国家文化软实力，关系"两个一百年"奋斗目标和中华民族伟大复兴中国梦的实现。学术期刊是国家科研和国家文化软实力的重要组成部分，在繁荣学术研究，推动文化创新，促进经济社会发展和科学技术进步等方面发挥着不可替代的作用。虽然改革开放以来，中国学术期刊发展取得了明显成效。但是，目前学术期刊出版仍然存在着一些问题，主要表现如下：分散弱小、结构不合理的状况未根本改变，规模化集约化水平较低；整体质量不高，国际竞争力不强，还不能适应科教兴国、建设创新型国家的战略要求；现行的科研人才评价机制造成论文发表需求过旺，学术期刊功能出现异化现象；个别学术期刊片面追求经济利益，放松审核把关，造成学术质量下降；特别是一些不具备学术出版条件的期刊超越业务范围或一号多版，出租、出售、转让出版权给个人及中介公司，刊发质量低劣学术论文牟利，造成不良的社会影响。

5.3 学术期刊的制度变迁

中国传统媒体领域的机构是由计划经济时代的报社、杂志社、出版社和广播电视台等事业单位发展而来的，成立之初，作为国家的新闻机构，掌握着刊号、书号、频道和频率等稀缺资源。1978年改革开放以来，这些单位经历了"事业单位、企业化运作""采编与经营剥离""集团化"等一系列改革，但学术期刊由于其特殊性至今仍然未发生实质性变革。

5.3.1 1949—1978年的学术期刊制度

诺思（2008）指出，制度变迁是由制度框架的规则、规范及复杂实施结构的边际调整所组成。1949年中华人民共和国成立后，中国媒介制度发生了一次自上而下的强制性变迁，形成了"无产阶级党管媒介"的制度模式。1949年11月，新闻总署和出版总署成立，直属中央人民政府政务院领导，是政府负责指导和管理全国出版事业的领导机构，建制为一厅（办公厅）、三局（出版局、编审局、翻译局），各大区和一些省市也成立了新闻出版局或新闻出版处，确立了中央和省两级出版管理体制。

中华人民共和国成立初期，中国共产党领导下的政府制定出台了一系列与期刊发展工作有关的政策法规，密集的政策供给是推动媒介系统转型的重要动力。1949年，中央人民政府政务院统一发布《中央人民政府及其所属各机关重要新闻的暂行办法》。1950年，新闻总署颁布《全国报纸杂志登记暂行办法草案》，这是中华人民共和国第一个新闻媒体登记法规。1950年，政务院发布的《关于改进和发展全国出版事业的指示》提出，书籍杂志的出版、发行、印刷是三种不同性质的工作，原则上应逐步实现科学分工；出版总署应协助各大行政区分别筹建、改进或扶植地方出版事业。1952年，政务院颁布《管理书刊出版业印刷业发行业暂行条例》《期刊登记暂行办法》。1953年，出版总署发布《关于图书、杂志版本记录的规定》。1954年，出版总署向政务院文化教育委员会送审《保障出版物著作权暂行规定（草案）》，《中宣部关于统一和加强国营、地方国营、公私合营报社、杂志社、出版社企业管理的指示》发布。1955年，文化部发布《关于书籍、杂志使用字体的原则规定》，对各类书籍、杂志使用的字号作出具体规定。1958年，文化部发布《关于北京各报刊、出版社降低稿酬标准的通报》。1959年，中共中央发布《关于报刊书籍出版发行工作的几个问题的通知》，要求出版物的发展必须根据国家和人民群众的真实需要，必须首先注意质量，考虑其实际效果等。同年，文化部发布《关于提高书刊印刷质量的通知》。1966年，中共中央批转文化部《关于进一步降低报刊图书稿酬的请示报告》。1966年，中国出版界开始执行国家科学技术委员会批准的《图书、杂志开本及其幅面尺寸》。这一系列政策法规，为中国学术期刊事业发展指明了正确道路，提供了法律支持和保护，极大地推动了学术期刊事业的健康发展。

1970年，国务院批准成立"出版口三人领导小组"，下设办事组、政工组和业务组。同年，根据国务院总理周恩来的指示，"毛主席著作出版办公室""出版口三人领导小组"合并成立"出版口五人领导小组"，直属国务院值班室领导。1973年，国务院恢复设立国家出版事业管理局，学术期刊出版开始缓慢恢复（尹玉吉，2012）。

通过一系列自上而下的制度安排和规制框架设计，中华人民共和国成立初期，党和政府迅速实现了对学术期刊的接管和改造，并将其纳入"无产阶级党管媒介"的制度体系。这一制度体系确立了中国学术期刊产权的公有属性、"党和人民宣传喉舌"的功能设定、从业人员的事业单位编制。这一制度体系设计是在计划经济的基础上设计和形成的，从宏观层面保证了中国学术期刊出版工作的发展，是中国媒介发展和制度变迁的逻辑起点。

5.3.2　1978—2000年的学术期刊制度

1978年开始，改革开放成为中国发展的核心命题，全国上下开始了一场涉及经济、政治和文化的全面变革。改革开放以来，中国学术期刊的生存环境、生存方式，以及期刊社的内部结构都发生了很大变化。这些变化打破了事业单位体制下单一政治属性的学术期刊与相关利益主体之间形成的平衡关系。在从技术到制度的一系列转型与变革过程中，学术期刊需要重新设定新的平衡点。

改革开放初期，一系列政策的颁布是推动学术期刊迅速发展的重要原因。1977年10月，《关于新闻出版稿酬及补贴试行方法的请示报告》颁布，使中断11年的稿酬制度得以恢复，为各类期刊吸引了大批作者。1978年成为考察中国媒介制度变迁之路的第一个关键历史节点。这一年以《人民日报》等北京8家日报递交的要求试行企业化管理的报告获批为起点，到20世纪90年代初期，关于媒介经营性行为的制度约束逐步放宽。1979年11月，《关于报刊、广播、电视刊登和播放外国商品广告的通知》正式下发，这标志着中国广告业和媒介经营性业务首次获得政府政策层面的认可。

1985年，国家工商行政管理局、广播电视部、文化部发布《关于报纸、书刊、电台、电视台经营、刊播广告的有关问题的通知》，确立了媒体从事经营和广告发布的权利。1986年12月，《邮政法》颁布，允许报刊自主定价、自办发行。1987年，国家新闻出版署成立，隶属国务院，随后出台一系列有关学术期刊的政策法规。同年，国务院办公厅印发《关于进行全国投入产出调查的通知》，首次编制的投入产出表将新闻事业和广播电视事业纳入"第三产业"，这是政府对媒介商品属性的第一次正式表述。1988年，新闻出版署、国家工商行政管理局颁布的《关于报社、期刊社、出版社开展有偿服务和经营活动的暂行办法》规定，报社经主管机关批准，可以结合自身业务和社会需要举办经济实体（如造纸厂、印刷厂等）。但实际上学术期刊社并不具有市场主体地位，自主经营权受到很大限制。一方面，有计划因素，需要按计划配置资源；另一方面，有市场因素，需要参与市场竞争。1988年11月，新闻出版署颁布《期刊管理暂行规定》，这是中华人民共和国成立后发布的第一个对期刊进行全面管理的规范性文件，对期刊的创设、申报、审批、管理以及期刊社的经营都有具体明确的规定。

1990年3月，国家工商管理局、新闻出版署于颁布《关于报社、期刊社和出版社刊登、经营广告的几项规定》，确立了期刊社经营广告的基本管理制度；1990年2月颁布的《新闻出版署关于对期刊发表纪实作品加强管理的通知》和1991年6月颁布的国家科学技术委员会《科学技术期刊管理方法》对期刊的类型和学术期刊的分类管理进行了详细划分。

新技术在期刊出版流程中的应用为推动行业发展注入强大动力。互联网自1987年开始进入中国，促进期刊产业的编印技术跃上新台阶。编辑工作效率提升，编辑质量得到改善。同时，电子出版迅速发展，电子期刊数量猛增。自1989年诞生以来，网络电子期刊凭借自身即时性、大容量、交互性、低成本等诸多优点快速发展，由1991年的110种增加到1998年的近万种（邱薇，2006）。这一时期，中国期刊在数量增加的同时，质量得到不断提升，内容丰富多彩，贴近市场需求。

中国学术期刊遵循的基本方针是坚持为人民服务，坚持为社会主义服务，坚持把社会效益放在首位，坚持社会效益与经济效益的统一。中国的学术期刊具有很强的政治属性，每一次制度变迁的动力不仅来自其自身的发展需求，而且与经济、政治和文化的发展有密切的关联。经过十余年的改革开放，到20世纪90年代，随着经营业务范围和收入规模扩大，学术期刊政治属性和经济属性开始显现。

1992年6月，中共中央、国务院发布《关于加快发展第三产业的决定》，把"报业经营管理""广播电视"正式列入第三产业，传媒的产业属性获得政策层面的认可。1994年5月，新闻出版署下发的《关于书报刊音像出版单位成立集团问题的通知》，提出书报刊音像出版单位组建集团是改革的新尝试，目前只做少量试点；组建集团，目前阶段只限于本省区范围内的联合，不组织跨省区的集团，不组织股份制出版机构；集团的成员以新闻出版单位为主，也可吸收与新闻出版相关的单位，与新闻出版无关的商业、企业不参加。1994年6月，新闻出版总署出台报业集团组建具体条件。1996年9月，国务院下发的《关于进一步完善文化经济政策的若干规定》提出，要拓宽文化事业投入资金渠道，逐步形成适应社会主义市场经济要求的筹资机制和多渠道投入体制。1996年10月，中共中央发布的《中共中央关于加强社会主义精神文明建设若干重要问题的决议》提出加强对新闻出版业的宏观调控，采取有力措施解决目前总量过多、结构失衡、重复建设和忽视质量等问题，努力实现从扩大规模数量为主向提高质量效益为主的转变。认真整顿违反规定屡出问题和不具备基本条件的新闻出版单位，达不到要求的必须停办，并提出新闻出版单位的"退出机制"。1997年，党的十五大提出，进行经济结构调整，全面推进社会主义市场经济，大力推进文化产业发展进程，要求新闻出版产业有更大的发展。

这次改革对媒介属性的认知实现了由"单一意识形态属性"到"政治与经济双重属性"的转变，媒介的经济属性和产业属性获得政策和制度层面的认可。"双重属性"的提出实现了对媒介单一属性定位的突破，也代表着学术期刊制度的再一次转变。值得注意的是，媒介政策首次涉及媒介融合相关内容。1998年，"三网融合"的概念首次在国内提出。地方广电曾尝试涉足电信业务，却引发电信与广电的激烈冲突。1999年，国务院办公厅转发《关于加强广播电视有线网络建设管理的意见》（国办发〔1999〕82号），其中第五条规定，电信部门不得从事广播电视业务，广播电视部门不得从事通信业务。这在很大程度上否定了广电与电信跨业经营的可能，三网融合就此搁置。

5.3.3　2000—2013年的学术期刊制度

传媒集团的建立并没有实现由粗放型向集约型的转变，具体表现如下：区域市场分割、重复建设、同质化竞争现象普遍存在；受众、人才等资源缺乏深度开发；媒介融合和产业融合仅停留在简单的业务层面；从基础技术到产业形态数字化转型才刚刚起步；媒介组织创新能力不足。

针对上述问题，国家相关部门出台了一系列新的政策法规。2001年8月，中共中央办公厅、国务院办公厅转发《中央宣传部、国家广电总局、新闻出版总署〈关于深化新闻出版广播影视业改革的若干意见〉的通知》，提出深化改革要以发展为主题，以结构调整为主线，以集团化建设为重点和突破点，着重从宏观管理体制、微观运行机制、政策体制、市场环境和开放格局五个方面探索。2002年11月，党的十六大报告对"文化建设和文化体制改革"进行专门论述，提出"积极发展文化事业和文化产业"。2003年6月，全国文化体制改革试点工作会议召开，重点研究部署文化体制改革试点工作。该会议将"文化产业""文化事业"作为两个概念区分开来，同时确立了第一批文化体制改革的试点单位和地区。2003年12月，国务院办公厅印发《文化体制改革试点中支持文化产业发展的规定（试行）》《文化体制改革试点中经营性质文化事业单位转制为企业的规定（试行）》。2004年10月，文化部制定《关于鼓励、支持和引导非公有制经济发展文化产业的意见》。2005年6月，新闻出版总署下发《关于加快推进新闻出版系统政企分开、政事分开和管办分离工作的意见》。随后，全国600多家出版机构开始启动转企改制。

2005年8月，国务院下发《关于非公有资本进入文化产业的若干决定》《关于文化领域引进外资的若干意见》等，明确将传媒业纳入文化体制改革的总体框架。2006年1月，中共中央、国务院出台《关于深化文化体制改革的若干意见》，确立了文化体制改革的目标任务，并对"文化产业""文化事业"作出明确划分。2007年10月，国家发展和改革委员会、商务部发布的《外商投资产业指导目录》中，新增禁止外商投资新闻网站、互联网内容供应与服务经营业等内容。2009年9月，《文化产业振兴规划》由国务院常务会议审议通过，并向社会公开发布，标志着文化产业上升为国家的战略性产业。《文化产业振兴规划》提出：深化文化体制改革，激发全社会的文化创造活力；降低准入门槛，积极吸收社会资本和外资进入政策允许的文化产业领域，参与国有文化企业股份制改造，形成公有制为主体、多种所有制共同发展的文化产业格局；加大政府投入和税收、金融等政策支持。2009年3月，新闻出版总署出台《关于进一步推进新闻出版体制改革的指导意见》，要求全面完成经营性新闻出版单位转制任务。2011年10月，党的十六届七中全会通过《中共中央关于深化文化体制改革 推动社会主义文化大发展大繁荣若干重大问题的决定》，明确了文化改革发展的指导思想、重要方针、目标任务和政策举措。2013年11月，中国共产党第十八届中央委员会第三次全体会议审议通过了《中共中央关于全面深化改革若干重大问题的决定》，提出建立健全现代文化市场体系。继续推进国有经营性文化单位转企改制，加快公司制、股份制改造。对按规定转制的重要国有传媒企业探索实行特殊管理股制度。

5.3.4 2014年以来的学术期刊制度

2014年4月，国家新闻出版广电总局和财政部联合发布《关于推动新闻出版业数字化转型升级的指导意见》，提出用三年时间支持一批新闻出版企业，实施一批转型升级项目，带动和加快新闻出版业整体转型升级步伐。2014年4月，国家新闻出版广电总局发布《关于开展2014年传统出版单位转型示范工作的通知》，第二批转型示范单位名单于7月公示，通过两批示范单位，已经确定了170家。新闻出版单位加快设立数字出版分公司、子公司，推进组织机构和出版流程再造，推行融合发展运营机制。2014年4月，国家新闻出版广电总局印发《关于规范学术期刊出版秩序促进学术期刊健康发展的通知》，严格学术期刊出版资质和要求，完善学术期刊出版准入制度；完善扶持激励政策和保障体系，构建学术期刊发展长效机制；落实责任，强化管理，切实推动学术期刊健康有序发展。2015年4月，国家新闻出版广电总局、财政部联合印发《关于推动传统出版和新兴出版融合发展的指导意见》，明确了推动实现融合发展的政策措施，在加强相关法律法规修改工作、优化出版行政管理、实施项目带动战略和强化人才队伍建设等措施的同时，重点提出要加大财政政策支持力度，包括要加大中央文化产业发展专项资金支持力度，完善和落实项目补助等措施，更好地与新闻出版改革发展项目库等相衔接；加大国家出版基金对涉及出版融合发展的出版项目支持力度；继续实施新闻出版业转型升级重大项目，探索将传统出版和新兴出版融合发展纳入重大项目支持范围，突出重点、分步实施、逐年推进等。2015年9月，中共中央办公厅、国务院办公厅印发《关于推动国有文化企业把社会效益放在首位、实现社会效益和经济效益相统一的指导意见》，强调文化企业提供精神产品，传播思想信息，担负文化传承使命，必须始终把社会效益放在首位，实现社会效益和经济效益相统一。2015年10月，《中共中央关于制定国民经济和社会发展第十三个五年规划的建议》提出，推动文化产业结构优化升级，发展骨干文化企业和创意文化产业，培育新型文化业态，扩大和引导文化消费。加强网上思想文化阵地建设，实施网络内容建设工程，发展积极向上的网络文化，净化网络环境。推动传统媒体和新兴媒体融合发展，加快媒体数字化建设，打造一批新型主流媒体。优化媒体结构，规范传播秩序。加强国际传播能力建设，创新对外传播、文化交流、文化贸易方式，推动中华文化走出去。

2016年2月，国家新闻出版广电总局、工业和信息化部公布《网络出版服务管理规定》，对网络出版服务许可、网络出版服务管理、监督管理、保障与奖励，以及法律责任作出说明。从事网络出版服务，必须依法经过出版行政主管部门批准，取得《网络出版服务许可证》，有效期为5年。同时，规定明确指出中外合资经营、中外合作经营和外资经营的单位不得从事网络出版服务。2016年3月，《中华人民共和国国民经济和社会发展第十三个五年规划纲要》提出，加快发展网络视听、移动多媒体、数字出版、动漫游戏等新兴产业，推动出版发行、影视制作、工艺美术等传统产业转型升级。2016年5月，国家新闻出版广电总局发布关于实施《"十三五"国家重点图书、音像、电子出版物出版规划》的通知，对"十三五"国家重点图书、音像、电子出版物出版工作提出要求。"十三五"重点出版物出版规划总体规模为3 000种左右，首次遴选的项目共2 171种。2016年6月，国家新闻出版广电总局、财政部发布的《国家出版基金资助项目管理办法》提出，国家出版基金积极探索对传统出版与新兴出版融合发展等方面出版项目的资助。2016年10月，国家新闻出版广电总局发布的《关于加快新闻出版业实验室建设的指导意见》提出目前新闻出版业已成为推动社会经济转型发展的重要力量、促进科技深度融合发展的关键领域、保障国家文化安全与互联网安全的主要阵地。"十三五"期间，新闻出版业需要加快实验室建设，以发挥科技的支撑与引导作用，加强科技研发、标准研制、技术应用、人才培养、模式创新，加快新闻出版业转型升级，促进传统媒体与新兴媒体、传统出版与新兴出版的融合发展，推动新闻出版业拓展新业务、建立新业态、产生新效能。

2021 年 5 月，中宣部、教育部、科技部联合印发的《关于推动学术期刊繁荣发展的意见》提出，学术期刊是开展学术研究交流的重要平台，是传播思想文化的重要阵地，是促进理论创新和科技进步的重要力量。加强学术期刊建设，对于提升国家科技竞争力和文化软实力，构筑中国精神、中国价值、中国力量具有重要作用。2021 年 12 月，国家新闻出版署印发的《出版业"十四五"时期发展规划》提出，推动出版业高质量发展是"十四五"时期出版业发展的主题。实施数字化战略，强化新一代信息技术支撑引领作用，引导出版单位深化认识、系统谋划，有效整合各种资源要素，创新出版业态、传播方式和运营模式，推进出版产业数字化和数字产业化，大力提升行业数字化、数据化、智能化水平，系统推进出版深度融合发展，壮大出版发展新引擎。2022 年 4 月，中宣部印发的《关于推动出版深度融合发展的实施意见》提出，加快推动出版深度融合发展，构建数字时代新型出版传播体系。

进入 21 世纪以来，学术期刊制度变迁是文化体制改革框架之下的制度改革，政府是改革的主要推动力量。学术期刊作为文化领域的组成部分被纳入此次改革体系，学术期刊改革也就自然被置于文化体制改革的总体框架和进程安排之中。在文化体制改革的总体框架下的学术期刊改革既遵循与其他文化领域一致的改革目标、思路和步骤，又因为其特殊的媒介属性和功能定位而有所差异。"大部制"改革触及传媒领域，在面向融合的政府机构调整和设置方面取得显著突破。

5.4 学术期刊的政府规制

5.4.1 技术—经济范式转变对政府规制框架的影响

信息技术的发展引发了媒介融合，并对学术期刊政府规制框架产生了自下而上的影响。信息技术在催生新媒体的同时，也对传统媒体进行了从数据格式到生产传输的全面技术改造。这使得信息技术成为涉及学术期刊产业内容生产、传输、储存等全部环节的关键性技术，并成为期刊业与电信业、IT业运作的通用技术，成为媒介融合产生、拓展、深化的基本前提。不同媒体和产业从各自的专用性平台转向互联网这一非专用性平台。随着产业融合的深入推进，信息技术带来产业体系的变迁，因此，政府规制框架也需要作出相应调整。

随着数字技术的进一步发展，媒介融合已是大势所趋，打破传统媒介形态遗留下来的行业分割，促进相互渗透和融合，是学术期刊发展的内在逻辑使然。近二十年的媒介体制改革是触及产权的深层制度探索。卢现祥（2003）指出，产权制度是一个经济体运行的基本基础，有什么样的产权制度就会有什么样的组织、什么样的效率。中华人民共和国成立之初，确立了期刊产权的"公有"性质。这种产权结构形成于计划经济时期，与当时的传媒组织事业单位的属性相对应。20世纪70年代末和90年代先后发生的两次传媒制度改革，都是以产权界定为基础，分别从运行机制和组织结构两个层面进行调整。2003年，文化体制改革正式启动，"产权改革"首次进入中国传媒发展历程，这意味着中国传媒业开始进入触及核心制度的深层变革。就期刊而言，应分别设立市场化和公益性的期刊管理条例，明确各自的规制目标和规制手段。市场化的期刊让市场成为资源配置的主要方式，公益性的学术期刊可以通过政府拨款、社会捐资和自身内容资源的商业化运作等方式获得补偿。

学术期刊属于传媒系统中的一个组成部分，产权性质单一，并且具有意识形态属性和经济属性双重特征。学术期刊的生存环境已有改变，规制存在严重的需求和供给不均衡问题。为中国学术期刊构建一个既符合市场运行逻辑和产业发展规律，又能保障国家意识形态安全和文化繁荣发展的规制框架意义重大。为保障国家的意识形态安全，一方面，将学术期刊社定性为事业单位属性，通过行政手段进行严格控制；另一方面，严格限制非国有资本进入，市场准入壁垒高。中国传统媒体的内容高度依附于载体，按渠道进行准入限制是维护意识形态安全最为有效的方式。中国学术期刊既有一般行业属性，又有意识形态属性，既是大众传媒，又是党的宣传思想阵地，负有重要社会责任。中国学术期刊的体制改革一直在产业发展与意识形态安全之间寻求均衡，市场准入制度是实现这一均衡的主要途径。

5.4.2　学术期刊规制变革的基本思路

目前，部分学术期刊社从不同层面对数字化转型进行了十分有益的尝试和探索，也积累了一些转型经验。学术期刊具有意识形态属性，始终受到政府规制。学术期刊的数字化转型升级需要相应的理论为基础，本书借助规制理论来分析这一问题。

由于电信、互联网的融入，新业态、新服务不断产生。学术期刊体制如何考虑产业发展与意识形态安全之间的均衡？准入限制应该如何调整？从意识形态安全的角度来看，严格的准入限制本应该仅针对期刊内容，但在产业分立时代，因期刊内容高度依附于介质，内容和载体是一致的，准入限制的环节变成整个传输平台；在产业融合时代，内容和载体是分离的，是否还需要继续保持对整个传输平台的准入限制？如果只需要在内容环节进行准入限制，原有的准入限制政策是否有效？如何在内容环节设定新的准入制度？

从世界各国的实践经验来看，"融合规制""横向规制"是较为符合媒体融合和信息化特征的管理思路。"融合规制"主要是将不同类型、不同形态的媒体融合规制，将传媒业及其紧密关联的通信业融合规制。"横向规制"则是依据融合后的传媒产业链和价值链构成，从内容、渠道、终端等不同层面进行规制。2002年，欧盟实行内容与网络分离规制，在网络环节建立融合规制框架，同时各国内容规制保障文化的多样性。日本组建融合的规制机构，通过法律推进技术融合，制定了融合的法律框架，放松了结构规制，制定信息化发展战略。欧盟和日本的规制模式对中国具有借鉴意义。中国可以探索建立内容与网络分离规制的模式，在网络环节建立融合的规制框架，对内容的规制则重在维护意识形态的安全。由于中国特定的社会传统和经济、政治环境，学术期刊的规制变革不能照搬欧美国家的模式，但必须要有明晰的规制体系，充分发挥学术期刊的意识形态属性和经济属性。在信息化背景下，媒介融合的制度设计需要充分了解和把握虚拟社会的特征和规律，避免将传统的管理方式和制度逻辑强加于新兴媒体和新的传播形态。

随着媒介融合的深入推进，国家新闻出版署、公安部、工业和信息化部、国务院新闻办公室等政府部门均对传媒业的规制有不同程度的介入。国家新闻出版署分行业纵向管理的模式得以延续，同时还出现了对传播渠道和平台进行横向管理的工业和信息化部，专门进行互联网新闻管理的国务院新闻办公室。这种多头管理的方式已经成为阻碍媒介融合的制度障碍。厘清政府部门的结构和职能，合理设定政府部门间的关系和不同领域的规制归口是媒介融合制度的核心内容。

学术期刊规制改革势在必行，本书的重要任务是给出学术期刊规制框架的建构思路。一是组建融合性的规制结构。多头规制与纵向分立的产业结构相对应，往往导致政策难以协调，成本高昂，行政效率低下，规制改革首先应建立一个超然于行业利益格局之外的规制机构。二是长远来看，如果继续通过市场准入保障意识形态安全，必须从以往基于纵向结构的严格市场准入转变为基于横向结构的市场准入。按照横向产业框架，内容传输、服务开发与管理和内容终端可以放宽资本准入。市场准入限制应主要针对内容生产、内容集成市场和内容平台的某些领域。

在中国学术期刊的改革发展过程中，政府既是期刊的管理者、制度的制定者，又是期刊的所有者、市场的参与者，还是改革的主导者和推动者。制度安排的本意是要引入市场机制，推进产业化发展，但制度实施的现状和中国的特殊国情导致强制性的制度安排和政府的高度介入。政府规制是一个庞杂的体系，本书的分析仅限于规制理论、规制政策和规制框架，将规制经济学的研究方法和相关理论运用到学术期刊规制变革研究中，寻求学术期刊规制变革的理论逻辑和现实选择，以此作为拓展学术期刊研究深度的一种尝试，以期为学术期刊的数字化转型和高质量发展提供理论支撑。

5.4.3 学术期刊规制的法律体系

政府相关法律有《中华人民共和国著作权法》等基本法律，相关法规有《出版管理条例》等基本法规，以及国务院、国家新闻出版署等相关部门的行业规章、规范性文件和指导意见，如《期刊出版管理规定》。由于中国并未制定出台出版法，2001年12月公布的《出版管理条例》是学术期刊规制的基本法规。

1990年9月，第七届全国人民代表大会常务委员会第十五次会议通过《中华人民共和国著作权法》，并分别于2001年、2010年和2020年进行了修订，对文学、艺术和科学作品的著作权归属、权利的保护期、权利的限制，著作权许可使用和转让合同，出版、表演、录音录像、播放，法律责任和执法措施等方面进行了规定。

2001年8月，国务院公布《印刷业管理条例》，并于2016年进行了第一次修订，于2017年进行了第二次修订。《印刷业管理条例》对印刷企业的设立、出版物的印刷和罚则等方面进行了规定。

2001年12月，国务院公布《出版管理条例》，并分别于2011年、2013年、2014年和2016年进行了修订。《出版管理条例》对出版单位的设立与管理，出版物的出版、印刷、复制、发行和进口等进行了规定。

2005年9月，新闻出版总署第1次署务会议通过且公布《期刊出版管理规定》，于2005年9月公布，并于2017年进行了一次修订。《期刊出版管理规定》对期刊创办、期刊出版单位设立、期刊出版活动保护的监督管理和法律责任等方面进行了规定。

2007年12月，新闻出版总署第2次署务会议通过《电子出版物出版管理规定》，于2008年2月公布，并于2015年进行了修订。《电子出版物出版管理规定》对出版单位设立、出版管理、进口管理、非卖品管理、委托复制管理、年度核验和法律责任等方面进行了规定。

2008年2月，新闻出版总署公布《出版专业技术人员职业资格管理规定》。《出版专业技术人员职业资格管理规定》对职业资格登记、责任编辑注册和法律责任等方面进行了规定。

2016年4月，国家新闻出版广电总局、商务部令第10号通过《出版物市场管理规定》，于2016年5月公布。《出版物市场管理规定》对出版物发行单位设立、出版物发行活动管理和法律责任等方面进行了规定。

学术期刊出版行业相关法律和行政法规见表5-1。

表5-1　　　　　　**学术期刊出版行业相关法律和行政法规**

公布时间	文件名称	发布机构	主要内容
1990年9月	《中华人民共和国著作权法》	全国人民代表大会常务委员会	对文学、艺术和科学作品的著作权归属、权利的保护期、权利的限制，著作权许可使用和转让合同，出版、表演、录音录像、播放，法律责任和执法措施等方面进行了规定
2001年8月	《印刷业管理条例》	国务院	对印刷企业的设立、出版物的印刷和罚则等方面进行了规定
2001年12月	《出版管理条例》	国务院	对出版单位的设立与管理，出版物的出版、印刷、复制、发行和进口等进行了规定
2005年9月	《期刊出版管理规定》	新闻出版总署	对期刊创办、期刊出版单位设立、期刊出版、期刊出版活动保护的监督管理和法律责任等方面进行了规定
2008年2月	《电子出版物出版管理规定》	新闻出版总署	对出版单位设立、出版管理、进口管理、非卖品管理、委托复制管理、年度核验和法律责任等方面进行了规定
2008年2月	《出版专业技术人员职业资格管理规定》	新闻出版总署	对职业资格登记、责任编辑注册和法律责任等方面进行了规定
2016年5月	《出版物市场管理规定》	国家新闻出版广电总局、商务部	对出版物发行单位设立、出版物发行活动管理和法律责任等方面进行了规定

（1）准入规制

一是出版单位准入规制。中国学术期刊准入规制严格，分为出版单位准入规制和从业人员准入规制。《出版管理条例》规定：设立出版单位，由其主办单位向所在地省、自治区、直辖市人民政府出版行政部门提出申请；省、自治区、直辖市人民政府出版行政部门审核同意后，报国务院出版行政部门审批。在严格的准入审批制度下，新申请的期刊很难通过审批进入，原有学术期刊没有相应的退出机制，一定程度上限制了学术期刊的自由竞争。二是人员准入规制。2002年，新闻出版总署印发的《新闻出版行业领导岗位持证上岗实施办法》规定，期刊社主编和副主编等领导在经主管机关批准任职时，须持新闻出版总署统一印制的《岗位培训合格证书》上岗，并且五年后还要重新学习获得新的《岗位培训合格证书》。2008年，新闻出版总署颁布的《出版专业技术人员职业资格管理规定》提出，凡在出版单位从事出版专业技术工作的人员，必须在到岗两年内取得出版专业职业资格证书，并按规定办理登记手续；否则，不得继续从事出版专业技术工作。在出版单位担任编辑的人员必须在到岗前取得中级以上出版专业职业资格，并办理注册手续，领取责任编辑证书。

（2）内容规制

中国的学术期刊实行内容审查制，出版过程严格按照三审三校的程序进行。期刊出版实行责任编辑制度，保障期刊刊载内容符合国家法律、法规的规定。《出版管理条例》第二十六条规定，任何出版物不得含有以下内容：一是反对宪法确定的基本原则的。二是危害国家统一、主权和领土完整的。三是泄露国家秘密、危害国家安全或者损害国家荣誉和利益的。四是煽动民族仇恨、民族歧视，破坏民族团结，或者侵害民族风俗、习惯的。五是宣扬邪教、迷信的。六是扰乱社会秩序，破坏社会稳定的。七是宣扬淫秽、赌博、暴力或者教唆犯罪的。八是侮辱或者诽谤他人，侵害他人合法权益的。九是危害社会公德或者民族优秀文化传统的。十是有法律、行政法规和国家规定禁止的其他内容的。为了保证对各出版单位出版物内容的审查，在国家层面建立出版物审读机制。

（3）刊号规制

刊号作为一种资源来管理和配置，导致个别出版单位出售和出租刊号。1997年，新闻出版署发布《关于严格禁止买卖书号、刊号、版号等问题的若干规定》，严禁出版单位买卖书号、刊号和版号。凡以管理费、书号费、刊号费、版号费或其他名义收取费用，出让国家出版行政部门赋予的权力，给外单位或个人提供书号、刊号、版号和办理有关手续，放弃编辑、校对、印刷、复制、发行等任何一个环节的职责，使其以出版单位的名义牟利，均按买卖书号、刊号、版号查处。

2014年1月，国务院发布《国务院关于取消和下放一批行政审批项目的决定》，取消了出版物总发行单位设立审批，取消从事出版物总发行业务的单位变更《出版物经营许可证》登记事项，或者兼并、合并、分立审批。2014年4月，国家新闻出版广电总局办公厅发布《关于国发〔2014〕5号文取消出版物总发行相关审批事项后续监管措施的通知》，原国家新闻出版广电总局不再审批出版物总发行资质及相应变更事项，原总发行业务《出版物经营许可证》于2014年6月30日统一作废。

此外，随着互联网技术的发展，国家有关部门颁布一系列行政规章。2000年9月，国务院第31次常务会议审议通过的《互联网内容服务管理办法（草案）》规定，从事新闻、出版以及电子公告等服务项目的互联网信息服务提供者，应当记录提供的信息内容及其发布时间、互联网地址或域名。2000年11月，国务院新闻办公室、信息产业部发布《互联网站从事登载新闻业务管理暂行规定》，这是国内第一项涉及网络新闻传播的行政规章，对在互联网从事登载新闻业务的单位条件和权限作出了明确规定。2000年11月，信息产业部发布《互联网电子公告服务管理规定》。2002年3月，中共中央办公厅、国务院办公厅发出《关于进一步加强互联网新闻宣传和信息内容产业安全管理工作的意见》。2002年6月，国家新闻出版总署和信息产业部发布《互联网出版管理暂行规定》。2003年5月，文化部发布《互联网文化管理暂行规定》，并于2004年7月修订。2005年2月，信息产业部发布《非经营性互联网信息服务备案管理办法》，截至年底未登记备案的网站将被关闭。2005年4月，国家版权局和信息产业部联合发布《互联网著作权行政保护办法》，这是中国第一部网络著作权行政管理规章。2005 年 9 月，国务院新闻办公室、信息产业部联合发布《互联网新闻信息服务管理规定》，这是中国规范互联网新闻信息服务的一部重要规章。2006 年 5 月，国务院发布《信息网络传播权保护条例》，明确了权利人享有的信息网络传播权受《中华人民共和国著作权法》和本条例保护，这是依据《中华人民共和国著作权法》对互联网版权问题作出的专门性规定。2010 年 6 月，《三网融合试点工作方案》通过。2011 年 3 月，文化部实施新修订的《互联网文化管理暂行规定》。2014 年 12 月，国务院办公厅转发《深入实施国家知识产权战略行动计划（2014—2020 年）》，明确了下一阶段国家知识产权战略实施的指导思想、主要目标和行动措施，提出到 2020 年知识产权创造水平显著提高，运用效果显著改善、管理能力显著增强，基础能力全面提升。

5.4.4　学术期刊的规制机构

（1）规制机构的历史沿革

中华人民共和国成立以来，出版单位肩负党和政府舆论导向和新闻喉舌的职责，始终按照国家机关的管理体系将学术期刊社视为事业单位进行管理。学术期刊社受党的宣传部门、国家出版管理机构、上级主管主办单位的多重领导，长期采用计划经济下的事业单位体制。

1949 年 2 月，中共中央宣传部出版委员会成立。1949 年 11 月，依据《中华人民共和国中央人民政府组织法》组建中央人民政府出版总署，中共中央宣传部出版委员会是其前身。1954 年 9 月，国务院成立。1954 年 9 月，按照《中华人民共和国国务院组织法》，对原政务院的组织机构进行了调整，撤销出版总署。1985 年 6 月，文化部呈报国务院，建议在文化部设立国家版权局。1985 年 7 月，国务院批复，同意文化部的建议；同时决定，将文化部原出版局改称国家出版局。国家出版局和国家版权局为一个机构、两块牌子。1987 年 1 月，国务院决定，撤消国家出版局，设立直属国务院的新闻出版署，并且保留国家版权局，继续保持一个机构、两块牌子的形式。2001 年 12 月，新闻出版署（国家版权局）调整为新闻出版总署（国家版权局），作为国务院主管新闻出版事业和著作权管理的直属机构，仍为一个机构、两块牌子。2013 年 3 月，为促进新闻出版广播影视业繁荣发展，将国家新闻出版总署、国家广播电影电视总局的职责整合，组建国家新闻出版广电总局。其主要职责是统筹规划新闻出版广播电影电视事业产业发展，监督管理新闻出版广播影视机构和业务以及出版物、广播影视节目的内容和质量，负责著作权管理等。国家新闻出版广电总局加挂国家版权局牌子。同时，不再保留国家广播电影电视总局、国家新闻出版总署。2018 年 3 月，中共中央印发《深化党和国家机构改革方案》，将国家新闻出版广电总局的新闻出版管理职责划入中央宣传部。中央宣传部对外加挂国家新闻出版署（国家版权局）牌子。

（2）规制机构的职责

中共中央宣传部是中共中央主管意识形态方面工作的综合部门。为加强党对新闻舆论工作的集中统一领导，中共中央宣传部统一管理新闻出版工作。调整后，中央宣传部关于新闻出版管理方面的主要职责是贯彻落实党的宣传工作方针，拟订新闻出版业的管理政策并督促落实，管理新闻出版行政事务，统筹规划和指导协调新闻出版事业、产业发展，监督管理出版物内容和质量，监督管理印刷业，管理著作权，管理出版物进口等。

2018 年 4 月，国家新闻出版署（国家版权局）挂牌，调整后，中共中央宣传部对图书出版发行行业的主要管理职能是贯彻落实党的宣传工作方针，拟定新闻出版业的管理政策并督促落实，管理新闻出版行政事务，统筹规划和指导协调新闻出版事业、产业发展，监督管理出版物内容和质量，监督管理印刷业，管理著作权，管理出版物进口等。

国家新闻出版署（国家版权局）是国务院主管新闻出版事业和著作权管理的直属机构。在著作权管理上，以国家版权局名义对内对外单独行使职权。其主要职责如下：第一，起草新闻出版、著作权方面的法律、法规草案；研究拟定新闻出版业的方针政策；制定新闻出版、著作权管理的规章和重要管理措施并组织实施和监督检查。第二，制定新闻出版业的发展规划、宏观调控目标和产业政策并指导实施；制定全国出版、印刷、复制、发行单位总量、结构、布局的规划并组织实施；参与拟定新闻出版业的经济政策和有关的经济性宏观调控措施；指导、推进新闻出版业的改革。第三，审批新建出版单位（包括图书出版社、报社、期刊社、音像出版社、电子出版物出版社等，下同）和出版物（包括图书、报纸、期刊、音像制品、电子出版物等，下同）总发行单位；审批音像制品和电子出版物复制单位；审批著作权集体管理和涉外代理等机构；核准新闻出版外商投资企业和出版物进出口单位及其在境外设立的类似机构。第四，对新闻出版活动（包括出版物的出版、印刷、复制、发行、进出口贸易等）实施监督管理；查处或组织查处违禁出版物和出版、印刷、复制、发行、进出口单位的违规活动。第五，审核互联网从事出版信息服务的申请，对互联网出版信息内容实施监督管理。第六，拟定出版物市场"扫黄打非"的方针、政策和计划并指导实施；查处或组织查处非法出版物和非法出版活动；组织、协调各有关部门和地方的"扫黄打非"工作；组织、协调、指导"扫黄打非"集中行动和大案要案的查处工作。第七，拟定出版物市场的宏观调控政策、措施并指导实施；对出版物市场实施监督管理。第八，负责音像制品出版、复制管理和电子出版物出版、复制、发行管理。第九，负责全国印刷业（包括出版物印刷、包装装潢印刷及其他印刷品的印刷）的监督管理。第十，组织、指导党和国家重要文件、文献以及教科书和其他重点出版物的出版发行工作。第十一，管理著作权工作，查处或组织查处有重大影响的著作权侵权案件和涉外侵权案件；代表国家处理涉外著作权关系，组织参加著作权的双边或多边条约、协议的谈判、签约和国内履约活动。第十二，负责新闻出版和著作权对外交流与合作的有关工作；承办政府间文化协定中有关新闻出版、著作权项目的执行工作；管理、协调图书、报纸、期刊和电子出版物的进口贸易；组织、推动出版物的出国（境）展览、展销和出口贸易。第十三，负责国家古籍整理出版规划工作。第十四，编制新闻出版业科技发展规划和信息化、网络化、标准化规划并指导实施，组织协调新闻出版业的科技进步工作。第十五，编制新闻出版业和著作权管理队伍建设、人才培养规划并指导实施；负责新闻出版业和著作权管理工作全国性评奖和表彰活动。第十六，承办党中央、国务院交办的其他事项。

此外，1997 年，《关于利用国际互联网开展对外新闻宣传暂行规定》（国新办发〔1997〕1 号）明确了由国务院新闻办公室对利用国际互联网络开展对外新闻宣传实行归口管理，统筹协调新闻宣传进入国际互联网的有关问题。新闻宣传单位入网须提出申请，报国务院新闻办公室审批。经批准的新闻报刊，应到新闻出版署办理备案手续。从 1997 年起，国务院成为网络新闻宣传的主管机构。1998 年 10 月，国务院新闻办公室和新闻出版署联合发布的《关于利用国际互联网络开展对外新闻宣传的补充规定》提出，今后各新闻宣传单位获准入网后，将信息链接中央外宣信息网站的同时，可以申请独立的域名，建立自己的网站。除到国家新闻出版署履行备案手续外，还须将本单位网址、域名、电子邮件地址报国务院新闻办公室备案。2000 年 4 月，国务院新闻办公室网络新闻出版管理局成立，制定互联网新闻事业发展规划，并指导协调互联网新闻报道工作负责统筹协调全国互联网络新闻宣传工作。2011 年 5 月，国务院新闻办公室设立国家互联网信息办公室，主要职责包括落实互联网信息传播方针政策和推动互联网信息传播法制建设，指导、协调、督促有关部门加强互联网信息内容管理，依法查处违法违规网站等。

6 媒介融合进程与学术期刊数字化转型

媒介融合进程可以分为传统媒体的数字化之路和媒介融合发展之路两个阶段。与此同时，传统学术期刊经历了两次数字化转型：第一次转型是互联网的兴起，第二次转型则伴随着移动互联网时代的到来。从纸质学术期刊到独立网站，再到移动客户端和微博、微信公众号等社交媒体，变化的核心是受众获取信息的渠道。

6.1 媒介融合进程

6.1.1 传统媒体的数字化之路（1993—1999 年）

1993—1999 年是中国传统媒体数字化之路的起步阶段，报纸、期刊、广播、电视等传统媒体都先后介入互联网，其中纸质媒体在网络尝试方面几乎与中国网络设施建设同步，成为这一时期的先行者。中国的媒介融合经历了从单一媒介到跨媒介，再到跨地区集团化发展的过程。伴随着中国网络化进程加快和数字出版技术提高，中国出版产业还经历了报网共建和刊网共建的阶段。

1993年12月，《杭州日报》通过杭州市联机服务网进行传输，拉开了中国报纸电子化的序幕，但并未接入互联网。1995年1月，由国家教委主办的《神州学人》期刊正式通过互联网发行。《神州学人周刊》电子版提供邮件订阅、WWW、FTP、Gopher等多种发行途径，开启了中国出版物上网之先河——创办网络版。随后中国迎来了期刊"上网"的第一个高峰期。到1996年底，《中国集邮》《大众摄影》《旅游》《战略管理》《证券市场》《今日上海》等20余种期刊的电子版在互联网发行。

1996年，中国出现了第一份只在网上出版发行的刊物《非线性科学与数值模拟通信》。1996年，《中国证券报》电子版正式出版，它不仅通过互联网发行，还将重要内容发送到用户使用的寻呼机上。1996年，北京易迈电子邮件有限公司与北京的新闻出版界联合成立了中国电子报刊联机服务中心，提供电子报刊的上网技术服务。这是中国第一家专门从事网络媒体内容资源集成服务的ISP公司。

1997—1999年是从传统媒体电子版到网络媒体的第一次转型期。传统媒体的网络发展开始突破将纸质媒体或现有内容简单放上网的方式，主动探索互联网的特征与规律，关注用户使用习惯、内容的丰富性和交互性，逐步尝试"数据库""电子商务""公司制"等全新的业务领域和运作方式。1997年1月，国务院新闻办公室建立"中国互联网新闻中心"，定位为中国进行对外新闻报道的网络平台，这是中国第一个网络新闻媒体综合平台。1997年1月，《人民日报》网络版创刊，在原来将纸质报纸直接放上网的电子版基础上，增加了多媒体手段，其综合数据库能够将当天全部内容和部分图片输入网络，这是中国媒体数据库建设的开始。同时，《人民日报》网络版采用《人民日报》信息化管理工作领导小组办公室（行政机构）、《人民日报》网络版编辑部（报社部门）、金报电子出版中心（企业实体）三位一体的运行机制（彭兰，2005）。网络媒体集成平台也在这一时期出现。但与此同时，一个新的问题随之出现，数据库通过支付极少的费用，便可直接从传统媒体及其网站获取大量期刊内容。

6.1.2 媒介融合发展之路（2000年至今）

1996年1月，经中共中央宣传部同意，中国第一家报业集团——广州日报报业集团正式成立。中国媒介融合过程中出现了一些典型案例，如2003年上海文广新闻传媒集团（SMG）整合旗下资源，成立"第一财经传播有限公司"，推出以"第一财经"为共同品牌的电视、电台、报纸、网站、杂志和财经指数，实现了跨媒介、跨行业融合。大型传媒集团的成立为中国媒介融合奠定了坚实的基础，随着技术的进步，融合实践成为改革的整体趋势。

2000年，中共中央下发《国际互联网新闻宣传事业发展纲要（2000—2002）》，这是中国第一次对网络新闻传播的发展作出规划。随着信息技术的发展与进步，传统媒体与新兴媒体、传媒业与通信业的交流不断增多，技术融合、生产流程融合、网络融合、终端融合、所有权融合，以及超出媒体本身的产业融合开始出现，媒体融合全面展开。手机报的出现是传媒业与电信业产业融合的尝试，也形成了内容生产方、渠道运营方、技术供应方合作运营的新模式。

2009年1月，工业部和信息化部举办小型牌照发放仪式，为中国移动、中国联通和中国电信发放3张第三代移动通信（3G）牌照。2009年成为中国的3G元年，此后手机上网用户规模迅速增长。2010年1月，新闻出版总署发布《关于进一步推动新闻出版产业发展的指导意见》，要求新闻出版产业加快从主要依赖传统纸介质出版产品向多种介质出版产品共存的现代出版产业转变。多种介质出版产品共存导致生产方式和传播方式的转换，使得出版流程从传统的单一内容生产向数字出版转型升级。媒介融合是传播技术、受众需求和产业调整共同催生的一种媒介发展态势。2013年，工信部正式向三大运营商发布第四代移动通信牌照（4G，其目标是提高移动装置无线访问互联网的速度），中国移动、中国联通和中国电信均获得TD-LTE牌照。互联网和移动互联网的迅速发展与普及，为中国媒介融合的发展提供了至关重要的平台和条件。

2023年3月，中国互联网络信息中心（CNNIC）发布的第51次《中国互联网络发展状况统计报告》显示，截至2022年12月，中国网民

规模达 10.67 亿，互联网普及率达到 75.6%。其中手机网民规模达到
10.65 亿，网民使用手机上网的比例为 99.8%。中国网民使用台式电脑、
笔记本电脑和平板电脑上网的比例分别为 34.2%、32.8% 和 28.5%。手
机不断挤占其他个人上网设备的使用时间，其作为第一大上网终端的地
位更加巩固。与此同时，中国互联网络信息中心在调查取样中发现，各
种网络应用的界限正变得模糊，彼此之间正在加速融合。一方面，媒介
形态、传播方式的多样化，使受众和用户群体不断细分，不同类型的受
众在年龄、身份等方面的差别日益明显。传统媒体（如纸质学术期刊）
的受众出现老龄化趋势，新兴媒体（如互联网）的用户则以中青年为
主。另一方面，人们的生活习惯和媒介接触习惯也发生了改变，对互联
网的使用频率越来越高，更加关注信息的交流和分享。

6.2　学术期刊数字化转型的特点及问题

目前，很多学术期刊都有自己的网站，也有移动互联网客户端和微
信公众号，但大多数学术期刊只是把纸质期刊的内容搬到了互联网和微
信公众号上。学术期刊的发展模式并未实现从粗放型到集约型的转变：
期刊业分散、弱小的现状并未改变；区域市场分割、重复建设、同质化
竞争现象普遍存在；受众、人才等资源缺乏深度开发；媒介融合和产业
融合仅仅停留在运作机制层面，从技术到产业形态的数字化转型仍在推
进。传统媒介与新兴媒介的融合受到多重制约，不同类型媒体的合作仍
然停留在业务和运作机制层面，以资本为纽带的产权交易和兼并重组还
无法实现。

6.2.1　规制机构职能交叉与重叠，规制效率有待提高

在媒介融合产生的新媒体和新业务等相关领域，多头管理现象普遍
存在。例如，互联网既不属于纸质媒介，也不能归入电子媒介。业务的
管理归属越不明确，参与规制的政府部门数量越多，多重规制引发的行
业效率损失也越多。从中国互联网规制现状来看，中共中央宣传部、国
家新闻出版署、工业和信息化部、国务院新闻办公室等均有不同程度的

介入，形成了分散而复杂的管理体系。融合规制难以通过部门之间的博弈实现，需要通过外部制度进行设计和调整。例如，英国、日本对原来的机构进行撤并后设立新的规制机构，美国通过立法对规制机构的权利和规制范围进行调整等。

各级人民政府和主管部门制定的行政法规、部门规章和地方政府规章是媒介融合规制体系的主要构成部分。从媒介融合的规制现状来看，中共中央宣传部、国家新闻出版署、工业和信息化部、公安部、国务院新闻办公室等政府部门均不同程度地介入规制。同时，还涉及省、市、县等各级政府和行业主管部门，从而形成复杂且分散的规制体系。一方面，没有针对融合业务管理的专门部门；另一方面，主管部门之间的职权范围存在相互重叠的现象。2018年，国家新闻出版广电总局的新闻出版管理职责划入中宣部，对外加挂国家新闻出版署（国家版权局）牌子。这从根本上改变了融合性新业务的开展和运行需要获得数家规制机构审批和许可的现状。多头规制以及由此造成的职能重叠、交叉管理、重复审批、规制成本增加和规制效率低下等问题成为媒介融合难以突破的规制困境。

6.2.2 媒介融合尚未涉及存量，融合模式不清晰

媒介融合多为增量，存量改革挑战较大。在改革过程中，学术期刊的事业性质、宣传平台地位是改革的前提。一些学术期刊曾积极尝试跨媒体、跨地域经营。例如，学术期刊建立网站，数家学术期刊联合打造网刊等，这些尝试大多是增量意义上的，几乎不触及存量。学术期刊在媒介融合实践中，往往尝试开通微博、微信和创建手机客户端等方式。"做增量"风险较小，不会触及现有的利益格局，有其现实合理性。"做增量"是媒介融合初期的必经阶段，但现在已经到了"改存量"的时候，只有调整现有组织结构，重构内容生产流程，才能实现真正意义上的融合发展。"改存量"必须打破部门利益壁垒，突破体制机制障碍，既需要政府的顶层设计，又需要业界的探索创新和尝试。

技术是媒体融合的重要驱动力，也是学术期刊的软肋和短板。学术期刊在维持自身生存发展的情况下，几乎没有可能抽出资金和人力来搞

大规模的技术投入。因此，在技术建设过程中，学术期刊不能搞"大而全""小而全"，在加快自身融合发展的同时，应积极借助外部资源和力量。对此，国家应重点支持几家有实力的学术期刊进行重大项目攻关，其融合模式和成果可以推广到全国，发挥积极的外部效应，避免重复建设和资源浪费。

融合发展入不敷出，融合模式尚不清晰。关于传统媒体的转型存在一种观念误区，认为只要发展新媒体，传统媒体就能摆脱发展困境。目前学术期刊处于融合发展的探索阶段，虽然尝试了不少新的经营方式，但尚未形成稳定、可持续的融合模式。传统媒体诸多媒介融合的尝试多处于分散和自发状态。罗小卫（2012）指出，就传统出版单位而言，数字出版尚未形成能够盈利的、成熟的商业模式，即传统出版单位的数字化转型盈利模式仍然处于探索阶段，在数字出版领域一直是投入大于产出。缪宏才（2011）指出，目前乃至今后一段时期，数字出版没有盈利的希望。在媒介融合背景下，传统出版单位更多地扮演内容提供商的角色，一些中小出版单位不得不选择"内容+平台合作"的模式。

6.2.3　人才引进不足，流失现象较为严重

党的二十大报告提出，必须坚持科技是第一生产力、人才是第一资源、创新是第一动力。出版深度融合和学术期刊高质量发展的关键是人才。办刊队伍是学术期刊发展的重要力量，办刊队伍的整体素质对学术期刊高质量发展起到至关重要的作用。目前，学术期刊办刊队伍缺乏有效联动且建设滞后。首先，学术期刊编委会结构不合理，编辑部与编委会之间缺乏有效联动，编委会成员未发挥出期刊智囊团作用。其次，学术期刊编辑部边缘化和待遇低等一系列问题导致编辑人才引进不足和流失严重，队伍建设滞后，极大地制约了学术期刊的深度融合发展。

编辑是学术期刊的主体，编辑工作贯穿学术期刊生产的全过程，直接影响和决定期刊质量的高低。学术期刊编辑的第一项工作是选题、组稿、审稿、编辑加工，从而创造期刊的原料。要使原料变成可供读者阅读的刊物，编辑的第二项工作就是期刊的装帧设计，即制订装帧的整体和局部、材料与工艺、思想与艺术、表面与内部等因素的完整方案，使

封面、版面和印刷等环节形成一个和谐的整体。

推进学术期刊高质量发展，学术期刊社必须拥有高素质的编辑队伍。因此，应重视选拔和培养优秀学术期刊编辑人才，建立一支政治素质高、事业心强、具有开拓精神、精通现代学术期刊编辑出版业务、乐于奉献的编辑队伍。从学术期刊的组织管理角度讲，必须拥有学术水平高、精明能干的主编；从学术期刊生产角度讲，必须拥有分工明确、业务娴熟的编辑团队。

主编创特色。第一，确定学术期刊发展方向。主编对学术期刊进行科学准确的定位是办刊过程中首先应解决的问题，明确期刊的办刊宗旨，确定期刊发展的方向。科学准确的定位实质上是读者定位问题，即确定为哪些读者服务，学术期刊应以学术交流为主，以传播相关的学术信息和科研成果为主要内容。财经类学术期刊就应准确定位于财经科学，以传播财经领域的学术信息和科研成果为己任，促进财经科学发展。第二，精心策划特色栏目。特色栏目是学术期刊的框架和脊梁，是吸引广大读者的"卖点"，是学术期刊保持核心竞争力的重要条件。而主编是特色栏目的设计师和决策者，必须以较强的政治意识和导向意识来精心策划，设置特色栏目。因此，首先应洞悉特色栏目产生的背景，然后精心制作特色栏目，最后严把文章的学术质量关。第三，因时而异，制定营运策略。首先建立自己的网站，拓展学术期刊的服务功能，为作者提供更宽广的学术交流平台，为读者提供更快速、更方便的服务，同时也为广告商提供新的服务领域。其次培育自己的作者群，确保优秀稿件源源不断。优秀稿件就是学术期刊生产中的优质原材料，只有选用优秀稿件才能有机会成为高质量学术期刊。主编必须认真审视和分析自己的作者群，网罗一批学术精湛的专家和学者，完善与作者的合作方式，鼓励他们为自己的刊物撰文投稿；积极发现和培养新作者，以保证优秀稿件持续不断，进而保证学术期刊健康持续发展。

编辑做优质。第一，严格筛选稿件，确保刊发文章的政治质量和学术质量最优。只有高质量的稿件才有可能成为高质量学术期刊。责任编辑必须领会栏目创意，运用自己的专业知识和敏锐的洞察力对日常来稿和组稿进行初审，选用政治质量和学术质量高、文章结构合理的优秀稿件；编辑部主任对初审通过的稿件进行复审，集中精力进行评价性审读，根据办刊方针和编辑要求，对文章的内容和形式进行全面审查和评价，主要审查其政治质量和学术质量；学术期刊社主任对复审通过的稿件进行终审，侧重于考虑栏目设置、重点文章布局等整体评价。第二，责任编辑精雕细刻加工，提升刊发文章的学术质量和编辑质量。编辑对终审稿件进行编辑加工，使稿件的学术质量进一步提高，文章编排更加规范，提升文章的编辑质量。完善文章的结构和内容，通过增、删、移、改的加工方法使稿件在政治上、科学性、逻辑性、完整性等方面得到进一步完善，提升文章的学术价值；对选用稿件进行编辑规范化处理，理顺文章结构，调整语序，修改错别字，统一文章的表格形式和数字表达，使稿件更整齐、规范，可大大提高学术期刊的编辑质量，更准确规范地表述作者的学术观点。第三，责任编辑或专职校对员精益求精校对，提高刊发文章的校对质量。学术期刊的校对环节是消灭一切差错的最后环节，因而编辑在这一环节必须精益求精。刊发文章的校对样出来后，编辑应当对照原文进行一校，通读一校样，完善编辑加工中的遗漏，并记下存在的问题；编辑校对后稿件可通过微信等方式交由作者再次自校，并解决编辑校对时提出的问题。二校时，编辑仍然要对照原文通读，并重点校对文章的各级标题和文字，确保编辑加工的文章无差错。三校后，各个责任编辑应当将校对完的文章互相交换，进行交叉校对，因为责任编辑对自己编校的稿件比较熟，对有些错误常常熟视无睹；而交叉校对，对各个编辑来说校对的内容都是新的、不熟悉的，容易发现错误，可最大程度地消灭错误。值班编辑对交叉校对后的校样进行总校，主要是从刊物整体上对各篇文章整体布局、栏目、结构、内容和页码进行总串校对，目的在于提高学术期刊的整体质量。

学术性和专业性是学术期刊的显著特点，这要求编辑必须具有较高的学术水平，精湛的学术鉴赏能力。编辑应准确把握学术前沿，适时确立选题，组织优秀稿件；编辑应注重稿件的新颖性、理论深刻性和学术成果创新性，并准确鉴别稿件的学术质量；编辑应及时发现稿件中的专业错误，并提出修改意见，指导作者加工编辑文稿，并使稿件在质量上、形式上得到提升，使作者能从编辑这里学到一些独特的东西，提高其写作水平和规范化程度。但目前学术期刊编辑人员在职称待遇方面明显低于教学科研系列的教师，进修学习和参加相关学术活动的机会相对较少，因而编辑人才引进明显不足。

在学术期刊的线性生产链条向全媒体生产体系转换的同时，人才的业务能力、工作方式和思维模式等都需要进行相应的调整和转变。学术期刊转型成功与否，关键在人，复合型人才尤其是适应互联网发展和全媒体竞争的人才少之又少。带有事业单位的依级定薪制度，对于高水平人才的吸引力远远不够，人才队伍建设严重滞后，大大制约了学术期刊的发展。因此，应该重点培养和引进专业人才和复合型人才，加强对编辑的培训，培养互联网思维。创新人力资源管理体制机制，推出针对优秀人才的激励政策，逐步实现人才队伍的优化整合。

6.2.4　网络侵权防不胜防，版权保护亟待细化

继2010年11月12日22位网络作家发出联合声明，声讨百度文库侵权后，2011年3月15日，50位作家、出版人集体声讨百度文库侵权。通过该案例可以看出，媒介融合背景下的版权保护问题变得更加复杂和重要，主要体现在网络信息传播的"避风港原则"规避了网络公司侵权的责任，使得版权保护更加复杂。"避风港原则"是指在发生侵权案件时，网络服务提供商只提供空间服务，并不制作网页内容，如果被告知侵权，则有删除义务，否则将被视为侵权。如果侵权内容既不在网络服务提供商的服务器上储存，又没有被告知应该删除哪些内容，则其不承担侵权责任。《信息网络传播权保护条例》第23条规定，网络服务提供者为服务对象提供搜索或者链接服务，在接到权利人的通知书后，根据本条例规定断开与侵权的作品、表演、录音录像制品的链接的，不承担赔偿责任。作家和出版人声讨百度文库侵权，最后百度删除了事，说明"避风港原则"减轻或排除了它的侵权责任（秦艳华和于翠玲，2015）。

在互联网发展初期，大多数纸媒追求网络转载量的增长，对于网站的侵权盗版默不作声。近年来，国家对知识版权的保护力度加大，版权资源越来越得到重视，许多侵权现象得到遏制。然而，随着移动互联网的发展及媒体融合的不断深化，版权问题日益凸显，版权保护又面临新

的难题。版权保护方面的法律法规不健全。虽然目前中国颁布的法律法规对信息网络传播权和数字图书馆等问题作出了相关规定，但这些规定分散于多部法律、行政法规和行业指导意见中，很多问题缺乏明晰的立法规定，立法滞后性问题严重。对版权侵权行为的审理和裁定缺乏法律法规的支持，如在界定侵权责任问题上，对于网络运营商的性质和行为界定尚无法可依。在新兴媒体领域，由于法律建设和行政规制相对滞后，而信息发布主体更加多元，导致行业失范和失序现象严重，中国网络出版领域出现大范围的版权纷争。开放性、交互性、网络化、海量信息等信息传播特征使得传统行政规制方式在媒体融合时代显得更加被动和低效，侵犯版权和隐私成为媒体融合所带来的最突出的问题之一。

由于规制薄弱、信息不对称以及相关法律法规不明晰，微信公众平台和移动新闻客户端等成为侵犯知识产权的重灾区。在全平台内容不能实现开发搜索的情况下，抄袭、剽窃难以统计，版权人要维权难度很大。从纸媒、网站到客户端、微信公众号，各种形态的媒体之间相互抄袭、剽窃、非法转载的现象一直存在，面临版权意识淡薄、相关法规不明确、维权难度较大等情况。如果不能有效解决版权问题，将产生"劣币驱逐良币"的负面影响。因此，加强版权保护，完善相关法律法规，对于维护学术期刊生态环境和促进媒体融合具有重要意义。就学术期刊而言，非法上传共享是一种最常见的版权侵权行为。以百度文库和豆丁网为典型代表的在线互动式文档分享平台允许用户自主上传、下载和分享各种内容资源。但现有法律法规对网站是否具有审查责任以及"避风港原则"是否适用并没有作出明确规定。下载使用者通过这些平台免费获取内容资源，其行为同样损害了著作权人的合法权益。内容上传者、网络运营商和下载使用者三方相互独立，加大了版权保护的难度。

从2014年6月份开始直至年底，国家版权局、国家互联网信息办公室、工业和信息化部、公安部联合开展了打击网络侵权盗版专项治理的"剑网2014"行动。"今日头条"是伴随移动互联网时代而兴起的一款新闻资讯类应用。其本身不从事新闻采编，而是基于数据挖掘和新闻抓取技术，为用户提供个性化的资讯推荐。传统媒体辛辛苦苦地生产内容，举步维艰地探索转型，"今日头条"等新兴媒体却利用传统媒体生产的内容获取巨大收益。经国家版权局介入调查，认定其构成侵犯著作权人信息网络传播权。最终"今日头条"积极整改，并主动与媒体洽谈使用作品的版权采购事宜。2014年11月，国家版权局发布的《使用文字作品支付报酬办法》施行，提高了原创文字作品的稿酬标准，并新增了关于网络转载的条款。《使用文字作品支付报酬办法》规定："在数字或网络环境下使用文字作品，除合同另有约定外，使用者可以参照本办法规定的付酬标准和付酬方式付酬。"这意味着对于网络转载追求责任或经济补偿，从此有法可依。但由于相关规定过于模糊，在具体执行与操作过程中有待进一步细化与完善。2017年1月，国家版权局公布的《版权工作"十三五"规划》提出，"十三五"时期版权工作要坚持实施严格保护、推动版权产业发展、健全版权工作体系三大基本原则，实现"加快版权强国建设，为建成中国特色、世界水平的版权强国奠定坚实基础"这一战略目标。

保护著作权的目的是平衡创作者和使用者之间的利益。新的传播技术和版权保护作品的出现不断打破著作权所维护的利益平衡格局，版权保护方式处于持续调整状态。网络技术和数字技术的发展，使得学术期刊的内容可以脱离纸介质在互联网上传播、阅读和分享。线上的即时共享和传输，使得版权人拓展传播渠道的同时，对内容资源的复制和传播失去控制。网络运营商、内容集成商和使用者转载、抄袭和剽窃现象越来越多。目前，读者群体的版权意识薄弱，网络运营商规制机制缺失，数字复制与传播技术使得版权侵权行为更加隐蔽且具有高度扩散性。

目前中国已经形成国家版权局、省级版权局和地市级版权局三级著作权行政管理体系。由于数字出版涉及内容、版权和网络等多个管理部门，打击版权侵权往往需要多个部门联合行动。例如，针对数字作品侵权行为进行行政规制的剑网行动，就是由国家版权局、国家互联网信息办公室、工信部和公安部联合开展。每年开展的打击盗版专项治理活动只是暂时解决了一些问题，但并没有解决根本问题。由于缺乏长期的规制和排查机制，盗版侵权现象层出不穷。因此，相对于国家行政机关的协助维权行为，从宏观层面对版权进行持续有效保护是更长效的机制。对此，相关行政部门应对自身功能与定位作出相应调整，从行政部门帮助版权人维权向行业组织、中介组织依法协助版权人维权转变，行政部门主要对行业组织和中介组织进行规制。目前国内用户版权意识较为薄弱，加上互联网提供免费的内容资源，很难做到不使用盗版资源，对侵权网站的举报也很少。因此，培养受众版权意识，鼓励受众参与反盗版行为也很重要。此外，与搜索引擎合作打击非法链接是降低盗版网页到达率的有效途径。在相关版权作品的搜索中，如果保证正版内容排名靠前且位置突出，盗版网站位置靠后且不易被点击，就可以从网站入口处保证正版资源的获取。《2022 年中国网络版权保护年度报告》显示，2022 年，国内在线版权保护不断加强，网络版权保护体系正在逐步完善。

7 加强优质内容出版能力建设

《出版业"十四五"规划》提出，组织实施出版内容和编校质量提升计划，进一步完善出版物质量保障体系。内容和渠道都是媒介产业的核心资源，在媒介产业发展早期，渠道是一种垄断性的稀缺资源。相反，在媒介产业发展较充分的国家，充分的自由竞争导致渠道不再是一种稀缺资源，内容成为渠道竞争的资本，谁有好的内容，谁就能拥有受众。因此，渠道发展越充分，"内容为王"效应越明显。技术发展推进渠道建设的多元化，导致渠道领域高度竞争，以创新力为核心的内容产业成为媒介决胜的根本。

7.1 精选高质量学术成果

推动媒介融合发展，必须始终坚持"内容为王"，把内容建设摆在突出的位置。学术期刊要在数字化时代保持竞争力，必须实现内容的差异化，充分利用新技术的同时，在内容的生产、传播和推广方面有所创新。传统学术期刊并未丧失优势，以其自身长期的积累，借助新兴媒体平台传播的速度和广度，将增加其在数字时代竞争中取胜的砝码。

在数字时代，网络环境为学习者提供了多样的工具和信息资源。网络环境引起了学术期刊编辑方式的变革，网上投稿操作系统代替了信件式投稿，网络来稿已成为学术期刊社自然来稿的主体，网上选稿已成为精选优秀文章的主要渠道之一。网上选稿比传统纸质稿件选稿具有更多优势——方便、快捷、准确，但其依然需要经过系统查重、智能审校、初审、外审、复审和终审等一系列环节。

7.1.1 系统查重和智能审校

网络的出现和普及在实现资源共享的同时，带来了重复率和抄袭率的不断攀升、抄袭剽窃、一稿多投、一稿多发和不合理"引用"等学术不端现象，虽然SCI源期刊对学术不端行为人的惩罚相当严厉：轻者对当事人进行质问，且三年之内不接受其来稿；重者要启动法律诉讼程序，但惩处力度还不够。因此，为了最大程度地遏制学术不端行为，应从源头上把关，抓住查重这一关键环节。在初审前必须检测网上投稿和约稿的重复率，对重复率高于标准重复率的稿件直接退稿，为精选优秀稿件把好第一关。

网络的运用使检测重复率成为可能，中国知网的学术不端检测系统是以《中国学术文献网络出版总库》为全文比对数据库，可检测抄袭与剽窃、伪造、篡改、不当署名、一稿多投等学术不端文献，可供学术期刊社检测来稿和已发表文献的综合检测系统。通过网络，编辑可以将网上投稿和约稿的电子文档传送到中国知网学术不端检测系统的界面上，或通过百度搜索引擎、"中文期刊全文数据库"等检索途径，查阅稿件是否有内容重复、有无抄袭行为。经过这一环节，有相当一部分稿件会被淘汰掉。通过上述诸方面的遴选和审查，编辑对稿件有了初步评价，进而作出入选、退修或退稿等处理。

学术期刊常见的学术不端行为包括以下三个方面：第一，抄袭剽窃。学术期刊编辑的知识更新不可能做到面面俱到，对部分学科了解但达不到精确的程度，尤其是外来学科的引进与融合的过程中就会出现种种拿来主义的影子。其中，抄袭剽窃他人作品内容、形式、观点成为学术不端行为较为普遍的形式。第二，一稿多发。一稿多发是指作者将同一篇论文投给多家刊物，并同时或先后发表。实际上，多数作者一稿多投的目的仅仅是为了提高投稿命中率，或者是缩短稿件的刊用周期，但客观上却扰乱了学术期刊的选稿秩序。第三，伪造行为。学术论文中的伪造行为包括对论文所涉及的数据、文献、注释的造假现象。有些数据不以实际观察和实验所取得的真实数据为依据，而是依据某种科学假说、理论和规律演绎出的期望值，去伪造、篡改观察或实验数据，以符合自己的研究结论。这样的数据是违背客观事实的，结果无法通过重复试验再次获得相关数据，有时会对同行的研究起误导作用，从而浪费他人大量的时间、精力和财力。还有一部分属于不当署名，如真正参加过研究工作的人员没有署名；没有参与研究或撰写工作的人员被列为作者；将有声望却没有参与研究或撰写工作的或者贡献小的人列为第一作者等。

智能审校系统是专业的内容智能检查及纠错系统，其审校能力和功能可满足学术期刊的使用需求，持续利用人工智能技术助力编辑减负增效。智能审校系统通常拥有字符类、知识类、逻辑类、格式类审校功能及多种专项处理模块，不仅能够解决常见的字词问题，而且具备解决论文体例、政治性问题和知识性问题的能力，能满足编辑部的实际需求。但现有智能审校软件在使用过程中经常出现大量的误报情形，编辑需要逐个阅读判断，这也在一定程度上增加了编辑的工作量。

7.1.2　责任编辑初审

初审是保证出版物质量的基础。初审工作及时与否，效果如何，直接关系到专家复审及随后的一系列工作。可见，编辑初审对于做好期刊编辑总体工作具有十分重要的意义。学术期刊尤其综合性学术期刊所涉及的学科多，门类广，而且各学科之间相互渗透，新的学科信息层出不穷，加之稿源逐步扩大，来稿数量不断增加，这就大大加重了编辑审稿的压力。尽管如此，编辑做好初审工作仍然是不可推卸的责任。目前国内外一些有名刊物录用稿仅占来稿总数的20%左右，而相当部分退稿都是在编辑初审之后处理的。这充分说明编辑初审对学术期刊质量控制有极其重要的作用。

初审是三审制的第一环节。当通过重复率检测和方正审校且合格后，文章即可进入初审阶段，编辑人员根据办刊宗旨、编辑计划、编辑方针、编辑思想对文章进行初步评价、鉴别和筛选，这也是编辑对文章可能产生的社会价值的衡量、认定过程。其主要任务如下：对文章从宏观上、整体上、横向上进行审阅，考虑文章在刊物中所体现的综合效益和整体风格，并运用逻辑原则和学术论文写作原则加以判断，对文章的创新性和科学性有客观和公正的评价。

初审内容主要包括五个方面：第一，审查文章是否存在政治性错误，是否符合党的路线、方针和政策。第二，审查文章内容是否符合办刊宗旨和办刊特色，是否符合本刊的专业范围。第三，运用知识积累、科技文献和其他多渠道信息来源，通过分析比较，鉴别来稿是否与已发表或拟发表文章有雷同情况，研究的问题是否具有创新性。第四，对文章的学术价值和可能产生的社会效益、经济效益作出初步判断。第五，通过有关刊物和其他多种信息渠道，审查文章是否一稿多投以及作者是否有剽窃行为等。

7.1.3　专家外审

外审是文章审查的必需环节。编辑审稿与专家审稿属于分工协作，互为补充、缺一不可。编辑审稿是一种多层次、多角度的"扫描"，大小问题都不能放过；而专家审稿是有所侧重的，主要是对文章学术质量的把握和评判。学术期刊的审稿专家在保证并提高期刊质量，扩大期刊影响力方面有着举足轻重的作用。编辑应与审稿专家建立互相尊重、互相信赖、互相支持的和谐关系，达到长期稳定合作，促进期刊良性发展。

外审实行双向匿名审稿制。学术期刊的专家外审包括单向匿名评审、双向匿名评审和公开评审。这三种审稿制度各有其优缺点，但相比较而言，双向匿名审稿更为科学。双向匿名审稿可以有效克服审稿人的非理性行为，如框架效应、损失厌恶、过度自信、锚定效应、稀释效应和证实偏好，避免人情和利益等因素的影响，使审稿人更为客观、公开、合理地评价论文。双向匿名审稿是 SCI 源期刊审稿制度的通例，国际上通常将有无专家双向匿名审稿作为学术期刊水平高低的标志之一。

双向匿名审稿虽能使审稿人减轻压力、在无人为因素的情况下对文章作出比较公正的评价，但国内出版行业认同的双向匿名审稿，国外不少研究者已持否定态度。McNutt 等对美国一家期刊连续 127 篇稿子进行调查分析，发现双向匿名审稿制和匿名审稿制对审稿质量没有产生重要作用。《英国医学杂志》在调查研究的基础上，对双向匿名审稿制度进行重新思考，并从 1999 年 1 月开始实行公开审稿制度。编辑部将审稿人的姓名告诉作者，论文发表时将审稿人名单列在文章之后，作者、读者和审稿者在网上都能看到，双方均可发表观点。其优点在于审稿人会更谨慎、负责、具体和客观地提出自己的观点或意见，作者能够通过这种透明式的审稿方式得到帮助和提高。公开审稿无疑是对传统出版行业审稿惯例的一次冲击。因诸多因素，虽然目前公开审稿制度在中国全面实行的条件尚不成熟，但在条件允许的情况下值得灵活借鉴与运用。

外审主要内容包括三方面：第一，找出文章的核心观点，鉴别其是否具备新颖性和独创性。第二，审查文章是否使用了新的研究资料和理论方法，即论据是否具有创新性。第三，对核心观点是否使用了新的论证方法等。国外学术期刊通常要将同一篇论文送交两三位专家评审，论文要经过多次修改，有的还要补充实验，最终才能得以发表。中国有些学术期刊发表的文章是经过专家的一次评审就决定是否刊用。因此，笔者建议同一篇论文送交两名以上专家审阅，或是由一名专家多次审阅并指导作者修改完善。

7.1.4 编辑部复审

复审是文章审查的重要环节。文章通过初审和专家外审后便进入复审环节，在初审环节，编辑大多是对文章观点的切入点、内容的新颖度、题目和摘要等进行整体评价，而到了复审环节，则要从细节上评析作者对所述问题的把握、数据和模型的说服力等问题。在复审环节中，如果没有严肃严谨的态度和严格的审稿制度，学术期刊的学术质量就无法得到保证，更无法体现评审工作的公平与公正。在严肃的审稿机制中注入灵活的审稿方式，是克服这种局限性的有效方法。在保证审稿质量的前提下寻求审稿的灵活性，主要表现在审稿内容的灵活性和审稿方式的灵活性方面。

复审内容主要包括两个方面：主体学术性审稿内容和附属学术性审稿内容。主体学术性审稿内容是指论文的整体学术价值、学术水平、学术观点和实验内容等专业知识，即同行专家审稿时惯例性（能够比较准确地把握的内容）的审稿过程；附属学术性审稿内容是指论文可能涉及的新兴学科、交叉学科和边缘学科等非同行专家专业所能及的知识，如有的文章在观点、内容上是先进的，而且结构严密、论述透彻，但在运用类似统计学等方面的专业知识上存在一些问题，这就属于附属学术性审稿内容存在的问题。在审稿把关过程中，需要编辑统观全局，去着重了解那些文章评审中可能涉及的主体学术性审稿内容和附属学术性审稿内容，及时发现存在的问题，并分清问题，这不仅可以节省评审时间，提高送审的准确性，而且审稿质量也会明显提高。

7.1.5　主编终审

终审决定是主编、副主编在对编辑和专家审稿意见综合分析基础上作出的对论文录用、退修录用或做退稿处理的最后决定。贯彻终审决定的具体操作是对审稿结果的落实。此项工作看似简单，但处理是否及时、合理，对学术期刊质量的稳定提高有着重要影响。贯彻终审决定的合理操作主要体现在以下三个方面：

优先发表创新性文章，确保学术上的领先地位。经终审确定为具有创新性的文章对学术界影响甚大，应当放在重要位置优先发表。创新性文章反映了重要科研项目的新突破，优先发表这类文章，在确保学术上领先地位的同时，能有效地提升学术期刊影响力，是刊物特色的一个重要标志。相反，如果贻误发表时机，将使研究成果大大贬值，也必然降低学术期刊的影响力。

慎重做好退修工作，缩短论文发表周期。学术期刊的文章未经退修而直接采用的情况少之又少。这从一个侧面反映了审稿的效果和编辑对作者来稿的严格要求。退修工作要求及时、准确，退修意见应做到突出重点、具体、明确、中肯、易于操作，力求通过作者一次修改，总体达到刊用标准，避免来回折腾，延缓论文发表周期。不言而喻，退修工作标准如何，对学术期刊质量有着直接和重要的影响。

重视做好退稿工作，争取作者继续支持。作者投稿希望尽早刊用或及时了解稿件处理结果。因此，应以认真负责的态度做好退稿处理工作。拟清退稿件应及时通知作者，阐明稿件存在的主要问题或退稿原因，以避免不必要的误解；对短期内未能采用或不适合本刊采用的优质来稿，应建议作者尽早改投。这对争取作者继续支持和提高来稿质量具有重要作用。在办刊实践中，有些学术期刊不但稿源丰富，来稿质量也普遍较高，而有些学术期刊则面临"等米下锅"的尴尬局面。这除了学术期刊专业内容等方面的客观条件限制外，对待退稿作者的态度也是其中的原因之一。

7.2 积极策划选题和组稿

在"三网融合"等媒介融合技术的推动下，拥有内容资源的传统出版机构需要寻求整合内容资源、建立数字化立体式服务平台的途径，平台建设体现了媒介融合理论中"渠道融合"的特点。罗小卫（2012）指出，在数字出版时代，依然会有纸质畅销书，这是由以内容为核心优势所主导的。如果占据内容优势，就可以任意选择电子阅读器作为载体。新媒体商业模式的建立、技术研发、平台搭建和市场培育等需要大量资本，新媒体在发展之初进行了大量投资，传统学术期刊凭借自有资本进入新媒体业务并不现实。目前有限的平台基本是传统内容，有限的内容还不能满足受众的需求，如知网、超星和维普等数据库上的内容基本上是纸质学术期刊提供的内容。随着传播渠道和信息载体日益多元化，学术期刊应充分发挥自身优势，成为高水平的内容生产商。传统学术期刊向数字出版转型，首先要掌握核心的内容资源，为此需要积极策划选题和组稿。

7.2.1 策划选题

选题策划作为编辑活动的出发点，是编辑活动是否最终取得成效最关键的一环。选题策划就是编辑人员为了使期刊获得较好的社会效益和经济效益，在一定的原则指导下，根据市场需要从市场特点出发，酝酿、提出、筛选和确定选题的活动。因此，具有独创性、超前性的选题策划是制定好的选题必不可少的工作。第一，超前性。选题策划在本质上就具有超前性，是领先一步的活动。第二，创造性。创造性是选题策划的灵魂，选题是否体现了新的视角，是否别出心裁、独具一格，全在于选题策划是否具有创造性。选题策划就是以新的创意、新的方法去改变惯例和常规，而不是简单地重复以往的经验和方法。

立足本校，突出优势。特色是学术期刊的个性，主要体现在选题"人无我有，人有我优"方面。对学术期刊来说，能在各自不同的基础上寻求最大程度的发展，这才是最具现实意义的。因此，学术期刊应该根据学校的研究实力和学科优势以及所在地政治、经济、文化的实际情况，充分发挥学校的优势和某一专业领域的特长，以此为主题，有重点地策划选题，形成强项，创造"拳头产品"，在综合性中体现出本校和本刊的特色和水平。例如，作为高等财经院校所属学术期刊，东北财经大学的经济学和管理学是国家重点学科。为了与学校的学科相适应，体现学科优势，《财经问题研究》自创办伊始，就设立了一系列与学校学科设置相匹配的栏目。

立足本刊，突出特色。东北财经大学地处辽宁省的经济发展核心城市大连，在区域经济发展过程中，不断推陈出新，为辽宁省的地方经济发展培养了大批专家学者。为了更好地将他们的研究成果发布并使之转化为政策措施，适应经济体制的改革和深化，《东北财经大学学报》将推动老工业基地振兴作为发展的主题之一，设置"聚焦东北"栏目，为学术界和实务界搭建起学术研讨的平台，充分发挥了学术期刊提供政策参考和理论依据的窗口功能。

7.2.2　重点组稿

组稿是编辑工作实践阶段的第一道程序。选题策划是学术期刊基础性、规划性的工作，属于思维领域的活动。要想具体实现总体编辑构思和选题计划，使之最后落实为物质形式载体的精神产品，组稿起着十分重要的作用，它是期刊编辑工作实践阶段的第一道程序，也是学术期刊质量高低的决定性因素。

向名家约稿。一般来说，名家学术水平较高，研究方法和所研究的问题相对科学、前沿，代表着相关学术研究领域的先进成果，因而依据学术期刊社的选题计划，追踪相关名家的研究进展，积极主动向名家约稿，是学术期刊获得优秀稿件的一大重要途径。

向中青年学者征稿。随着计算机的普遍应用，学术期刊社可以使用网络发出征稿通知，吸引中青年学者投稿。另外，通过网络数据库中论文的检索，能整理出一些未结识的学术造诣较高的中青年学者，可主动与其联系，进行约稿。一些在不同学科领域有专长的一般研究人员也可能成为学术期刊较为固定的作者群，使学术期刊的作者队伍更为充实，从而为推进学术期刊高质量发展提供一定的保障。

经常与作者联络，确保文章顺利完成。正式发出约稿信后，还需要经常与作者联系沟通，讲清楚选题所要达到的目的，对问题研究所要达到的深度以及所写文章篇幅的字数提出要求等，使作者清楚地领会编辑的意图，这样才能使组稿符合学术期刊的学术质量和交稿时间要求，使学术期刊的编辑工作顺利进入下一环节。

通过参加大型学术会议约稿。在信息时代，要想在竞争激烈的学术期刊领域取得优势，刊物选题策划的内容一定要关注学术动向，通过跟踪大型学术会议，密切关注学术发展动向，发掘和培养新的研究领域或新的高水平研究者，并把握好时机，进行专题约稿。学术期刊的编辑应积极参加专业性极强的国内一流学术研讨会，并根据会议议题与参会者展开深入讨论，在感受会议的学术氛围、了解学者们的学术思想后进行专题约稿，有计划地组织一系列有深度的优秀文章。

7.2.3　选题策划案例

《财经问题研究》选题策划聚焦国家重大战略需求和新兴交叉学科，精准服务中国特色社会主义政治经济学学术体系。习近平新时代中国特色社会主义经济思想是中国特色社会主义政治经济学的新境界。其中，中国式现代化理论、高质量发展、新发展理念、新发展格局的提出，是习近平经济思想集成创新的典型代表。2023 年，《财经问题研究》围绕学习贯彻党的二十大精神和习近平经济思想，通过选题策划引导学者在中国式现代化理论、高质量发展、新发展理念、新发展格局、新发展阶段和数字经济等领域深入研究阐发，形成了具有中国特色、有较强解释力的学术框架。2023 年《财经问题研究》发文内容词频统计分析如图 7-1 所示。

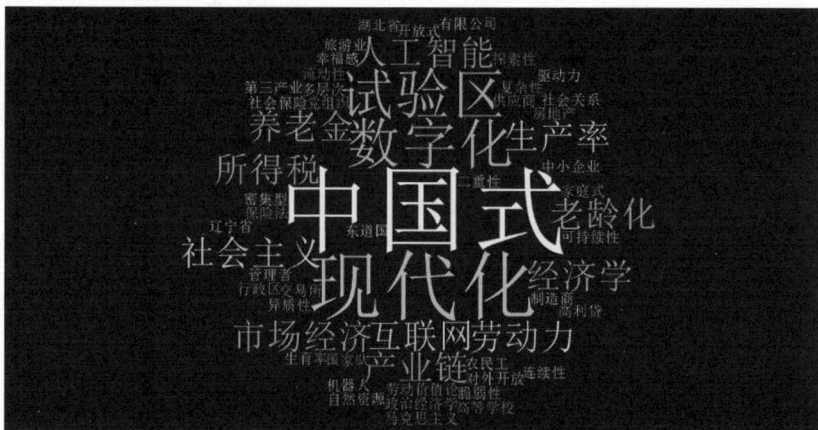

图 7-1　2023 年《财经问题研究》发文主题的词频图

（1）提高政治引领力，系统研究阐释中国式现代化理论

概括提出并深入阐述中国式现代化理论，是党的二十大的一个重大理论创新，是科学社会主义的最新重大成果。习近平总书记指出："要深刻理解中国式现代化理论是基于中国国情、中国现实的重大理论创新，体现了我国现代化发展方向，是对全球现代化理论的重大创新。只有这样，我们才能全面把握中国式现代化的理论体系和实践要求，也才能更加坚决地防范照搬照抄西方现代化模式的思维方式。"2023 年，《财经问题研究》系统研究阐释中国式现代化理论方面发表的文章见表 7-1。

（2）围绕中国式现代化本质，系统研究阐释共同富裕问题

共同富裕是中国人民自古以来的理想追求。让全体人民过上幸福美满的生活、实现共同富裕，是中国共产党人矢志不渝的奋斗目标。党的二十大报告将实现全体人民共同富裕纳入中国式现代化的本质要求，并

对扎实推进共同富裕作出了重要的战略部署。2023年《财经问题研究》贯彻落实习近平总书记关于扎实推进共同富裕的重要论述精神，刊发的共同富裕方向文章见表7-2。

表7-1　　　　研究阐释中国式现代化理论论文刊发情况

序号	题名	作者	时间
1	高水平对外开放与中国式现代化 ——共振路径、关键议题与战略选择	朱福林	2023-12
2	中国式现代化视域下的新型工业化研究 ——发展逻辑、内涵特征及推进机制	杜传忠，等	2023-12
3	中国式现代化的地权制度改革效应研究	罗必良	2023-10
4	儒家伦理与新商业文明：中国式现代化的商业逻辑	胡国栋，陈宇曦	2023-08
5	面向中国式现代化：以共同富裕为导向的企业责任	原理，赵向阳	2023-07
6	以规范财富积累机制推进中国式现代化	王艺明	2023-07
7	中国式现代化与数字经济发展	周文，施炫伶	2023-06

表7-2　　　　研究阐释共同富裕论文刊发情况

序号	题名	作者	时间
1	共同富裕视域下市场一体化的农民增收效应研究	邹宝玲，等	2023-11
2	国企混改的理性优势、实践逻辑与路径优化	朱炜，李金铭，綦好东	2023-08
3	面向中国式现代化：以共同富裕为导向的企业责任	原理，赵向阳	2023-07
4	农村产业融合发展与家庭相对贫困治理	陈飞，李玲	2023-05
5	教育对个人收入分配具有怎样的影响？ ——一种思想史的分析视角	陈婕，张凤林	2023-02

（3）突出新时代经济主线，系统阐释高质量发展和新发展格局

党的二十大报告明确提出："高质量发展是全面建设社会主义现代化国家的首要任务。"进一步明确高质量发展是首要任务，实现高质量

发展是中国式现代化的本质要求之一，与把握新发展阶段、贯彻新发展理念、构建新发展格局一体，成为习近平经济思想的逻辑主线，开拓了中国特色社会主义政治经济学的新境界。2023年《财经问题研究》聚焦高质量发展和新发展格局刊发的文章见表7-3。

表7-3　　　研究阐释高质量发展和新发展格局论文刊发情况

序号	题名	作者	时间
1	企业数字化转型如何影响对外直接投资二元边际？	阙澄宇，崔洁，马斌	2023-12
2	"一带一路"高质量发展的金融韧性治理——"一带一路"10周年的金融治理沿革及展望	郑丁灏，李国安	2023-12
3	数字化重塑专精特新企业价值创造力——理论、机理、模式及路径	刘淑春，金洁	2023-11
4	自贸区设立的区内企业绩效：制度红利还是政策红利？	万丛颖，韩振川，周健颖	2023-10
5	国企混改的理性优势、实践逻辑与路径优化	朱炜，等	2023-09
6	中国自贸试验区的历史逻辑、发展实践及未来展望——自贸试验区设立10周年的研究述评与实践回顾	余文涛，陈梦鑫	2023-09
7	地方政府债务、企业融资约束与企业创新	郑洁，袁洋，李国豪	2023-08
8	城市商业银行设立、融资约束与行业效率	胡秋阳，李文芳	2023-08
9	资本市场开放会提高企业可持续发展能力吗？——基于企业ESG表现的研究	王浩宇	2023-07
10	地方政府官员环保考核制度与上市公司ESG表现	石凡，王克明	2023-05
11	经济增长的规模经济效应：从增长奇迹到新发展格局	李宏瑾	2023-05
12	扩大高水平对外开放的理论思考	项松林，苏立平	2023-05
13	金融科技、金融监管与企业高质量发展	王小华，宋檬，杨亦兰	2023-04
14	中国经济高质量发展的时空差异与收敛特征研究——基于"条件—过程—结果"的三维测度	钞小静，廉园梅，沈路	2023-03
15	产业政策对企业僵尸化影响的机理与效应研究	张伟广，冯师钰	2023-03
16	着力提升产业链供应链韧性和安全水平研究	石建勋，卢丹宁	2023-02
17	中欧班列开通、外商直接投资与均衡开放格局	周学仁，郝佳	2023-02

（4）聚焦新经济形态，策划推出一系列数字经济高质量文章

数字经济是借助互联网、云计算、大数据、人工智能等信息技术推动人类经济形态由工业化向信息化和智能化转化的新经济形态。以产业数字化、数字产业化、数据价值化和治理数据为主要方向的数字经济，正在深刻地改变我们的生产方式、生活方式和治理方式，尤其对经济增长、就业和社会治理等产生了重要影响，也在深刻改变经济学研究范式。在大数据时代，以数据特别是大数据为基础的定量实证研究已成为经济学一个主要的研究范式。2023年，《财经问题研究》主动融入国家数字经济发展总体布局，围绕学校正在大力实施的"一流数字财经大学"发展战略，聚焦新经济形态，推动了经济学与数字经济等学科交叉融合，对不同行业的数字化转型程度与潜力进行深度洞察，鼓励多元研究范式，刊发为如何更好地发展数字经济、加快数字化发展提供重要的研究、实践和政策参考的文章，见表7-4。

表7-4　　　　　　　数字经济方向论文刊发情况

序号	题名	作者	时间
1	企业数字化转型如何影响对外直接投资二元边际？	阙澄宇，崔洁，马斌	2023-12
2	数字化重塑专精特新企业价值创造力 ——理论、机理、模式及路径	刘淑春，金洁	2023-11
3	数字化转型的治理效应 ——基于企业信息披露违规的视角	马德芳，李良伟，王梦凯	2023-11
4	数字基础设施建设对地区经济差距的影响 ——基于"宽带中国"战略的准自然实验	高远东，裴馨	2023-08
5	独家交易、创新激励与福利效应 ——基于数字版权协议的分析	冯博，刘龙	2023-08
6	中国式现代化与数字经济发展	周文，施炫伶	2023-06
7	数字科技伦理监管：美国进展与中国借鉴	肖红军，阳镇	2023-06
8	数字普惠金融发展能促进代际收入流动吗？	赵立业，吴卫星	2023-05
9	数字普惠金融如何影响民营企业成长	张林，王燕霞，郑强	2023-05
10	数字经济背景下政府与市场制度创新的协调研究	任保平，孙一心	2023-04

续表

序号	题名	作者	时间
11	数字金融发展与城乡家庭债务风险差异	张正平，任康萍，谭秋云	2023-03
12	数字经济赋能乡村振兴：影响机制和空间效应	孟维福，张高明，赵凤扬	2023-03
13	数字素养、金融知识与农户数字金融行为响应	温涛，刘渊博	2023-02
14	数字经济发展与流动人口职业层次提升	周闯，郑旭刚	2023-01

（5）聚焦新时代"双碳"目标，系统研究阐释绿色低碳经济问题

习近平总书记强调："要站在人与自然和谐共生的高度谋划发展，通过高水平环境保护，不断塑造发展的新动能、新优势，着力构建绿色低碳循环经济体系，有效降低发展的资源环境代价，持续增强发展的潜力和后劲。"《国务院关于加快建立健全绿色低碳循环发展经济体系的指导意见》明确了绿色低碳循环发展的主要目标。2023年，《财经问题研究》把绿色低碳作为重要发力点，从健全绿色低碳循环发展的生产体系、流通体系和消费体系出发刊发文章，见表7-5。

表7-5　　　　　　　研究阐释绿色低碳经济论文刊发情况

序号	题名	作者	时间
1	碳排放权交易试点政策对企业低碳转型的影响	董康银，邓又一	2023-12
2	产业协同集聚对绿色创新效率的影响研究——基于空间溢出视角	常哲仁，郑梦	2023-10
3	"双循环"背景下的价值链嵌入与碳排放	王道平，王奕淳，刘琳琳	2023-09
4	地方政府官员环保考核压力与上市公司ESG表现	石凡，王克明	2023-06
5	自愿型环境规制如何影响企业生存？	刘经珂，陈艳莹，于千惠	2023-05
6	机器人应用对城市碳排放影响的机理与效应研究	王海，郭冠宇，闫卓毓	2023-05
7	碳中和情境下管理者意义行为对企业战略变革的影响	路晨曦，张文锋	2023-03

7.2.4　选稿和组稿的经验分析

（1）自然来稿中存在的问题

稿件回复的不作为。稿件回复包括投稿回复和审稿回复。收到投来的稿件后，应立即登记入库和回复，但一些学术期刊对来稿回复工作并不重视。就网络投稿系统而言，由于大量文章投稿的时间相对集中，造成编辑处理文章不及时的问题。一般而言，文章从投入大库到进入初审阶段应不超过14天，从初审阶段到外审阶段应不超过14天，从外审阶段到复审阶段应不超过7天，从复审到终审应不超过7天。各个阶段通过后应立即通知作者本人，联系修改事宜。但现实情况是文章进入大库，甚至要等待超过30天的时间才有所反应；文章进入初审阶段、复审阶段的时间相对较短，但由于外审多是教师和科研人员兼职审稿，文章数量较多、每期刊发版面有限，外审专家和终审时间较长，部分文章处于外审和终审阶段迟迟没有得到回复，而得到回复时部分文章的时效性已经丧失或已经外投，从而导致优质稿源外流。

编辑初审的标签化。一些编辑在初审时特别注重作者的知名度、研究单位、职称、学历、是否有基金项目等形式上的东西。只看形式上的标签，不关注实质上的内容，编辑初审陷入了一种标签化的误区。对这些形式上的标签予以必要的重视是应该的，但将视角集中在这几个方面而不对稿件进行深入审视则有欠妥当，其结果就会轻视甚至排除那些非知名作者、非权威机构、非基金项目论文，致使一些高质量稿源流失。

审稿结果的单一化。稿件只有录用和不录用之分，在录用的稿件中，又只有全文刊登这一种方式。审稿结果的单一化难以最大限度地利用文章资源，也不能有效地调动作者投稿的积极性。因此，审稿结果应多样化，使这些对科学研究有价值的文章找到自己的归宿，发挥其价值，这对期刊编辑部和投稿作者都是有益无害的。

退稿处理的非人性化。在退稿处理过程中，非人性化问题较为严重：第一，对不用稿不通知退稿，消极不作为；第二，审稿时滞长，退稿时间长，以致作者长时间等待，误了作者改投时间；第三，退稿信不写明退稿理由，作者无从知晓缘何退稿；第四，即使有退稿理由，也缺乏正面意见，不利于增强作者信心，激发其科研热情；第五，措辞较生硬，退稿信缺乏艺术性，退稿又退人，不利于增加编辑对作者的亲和力。

（2）正确处理自然来稿

建立稿件回复制度。第一，建立收稿回复制度，收稿立即回复。第二，建立审稿回复制度，稿件无论刊用与否，都及时回复作者，做到篇篇有结果，件件有回复。第三，建立快速通道审稿制，为适应重大原创性等稿件的发表需要，学术期刊编辑部应根据自身情况建立快速通道审稿制，从一定程度上解决审稿时滞过长、回复不及时的问题。

提高编辑素养，防止初审陷入误区。编辑初审陷入标签化的误区，源于编辑学术素养不足，职业道德不高，心态不好，初审制度不健全。编辑部应努力帮助编辑提高学术水平，使编辑有能力深入审查论文的学术质量；编辑要克服偏见心理和标签心理，保持良好的心态，不管是不是名家稿、基金稿，都一视同仁；提高职业道德水平，养成公平、公正的工作作风，严肃对待每一篇稿件；建立健全初审制度，提出详细的初审要求，制定严格的初审步骤和相应的处罚措施，以检查并制约编辑的初审工作。

建立文章处理结果多样化机制。对于许多质量较好但因各种原因难以刊用的文章，编辑部应建立文章处理结果多样化机制：第一，来稿摘登。有些文章难以全文刊用，但可摘登其中有价值的部分。第二，观点综述。就自然来稿中集中讨论的问题，综合各家观点，写出综述文章刊登。第三，存入文献中心。由于版面紧张，许多有潜在价值的文章难以发表，但其对某些课题的研究有重要参考作用，编辑部可建立文献中心，有偿提供给读者检索使用。第四，出版增刊或文集。通过出版增刊、文集、刻录光盘论文库的方式解决那些因期刊容量限制而未被录用的文章。第六，网络交流。利用学术期刊网站和公众号，在解决好与著作权有关的问题后，有些未被录用的文章可上网交流，缓解文章积压状况。

重视退稿工作，讲究退稿艺术。退稿工作事关期刊发展的问题，不能轻视。应将不用稿及时退还并通知作者，态度诚恳直率，力争做到退稿不退人。应尽量详细说明退稿理由，尽力提供一些有价值的信息，以使作者了解文章的不足，拓宽思路，感觉投稿的过程也是学习的过程；提供一些赏识性意见，挖掘出文章的优点，肯定其优点和价值，这对作者是一种鼓励，使作者不因退稿而产生沮丧情绪和悲观心理。编辑若能以人为本，竭诚服务，让作者感到编辑的真诚，相信能获得作者的认同与理解，从而建立起良好的互动关系。

（3）名家约稿成功的关键

通过有选题、有计划、有目的性地约稿来全面提升学术期刊的学术质量，早已是学术期刊界的共识。编辑同仁们对如何约稿进行了多方面的探讨，从约稿对象的确定，到约稿的方式方法、具体流程，再到作者资源的保持等方面，都进行了全面而深入的理论分析和实践探索，为大家提供了宝贵的可供借鉴的经验和方法。而在确定好选题计划后约稿的所有要素中，约稿对象的确定是首要的，因为只有确定好了约稿对象，才能有针对性地展开约稿。按流程进行约稿，约稿对象往往同时也是作者资源，所以约稿对象的确定是编辑确定好选题后、进行约稿前必须首先考虑和解决的问题。

名家约稿彰显优势。第一，从约稿对象的寻找来看，名家比普通作者更易寻找。名家同时往往是"明家"，具有明显标记，容易寻找。比如博士生导师，每个高校对他们的介绍一般是最详细、最具体的，从其生平、研究方向、研究成果，到其已经主持和正在主持的课题，以及其联系方式等，都很容易查到。再比如课题，当年及往年的国家级、省部级课题，包括市级课题，在网上都能很便捷地搜到。第二，从约稿的结果来看，名家约稿获得高质量文章的可能性更大。约名家的文章固然不易，但如果约稿成功，基本上能获得符合约稿要求的好稿。因为对于名家来说，不仅有着自成体系的深邃的思想和写作能力，更具有对科研前沿的敏锐的洞察力；而且他们注重自己的名声，即使不是他的最新研究领域里最精华的部分，至少是属于当下学术界研究中前沿的一部分，因此，他们完成的约稿选题前沿、文章的结构严谨、层次清晰、语言流畅、用词准确、编排规范，具有极高的发表价值。第三，从约稿产生的社会效益角度来看，名家约稿更能快速提升学术期刊的学术影响力。学术期刊的学术影响力是其可持续发展的关键，而高质量文章又是构成学术期刊学术水平的基础，向名家约稿是获得高质量文章的主渠道。因此，从这一意义上讲，依据学术期刊的选题策划向名家约稿，可获得学术水平更高的文章，从而提升学术期刊质量。

7.3 打造重点品牌栏目

7.3.1 品牌栏目是学术期刊质量的奠基石

学术期刊的核心竞争力是指能使之在竞争中取得可持续生存和发展所具有的吸引、拥有作者、读者和市场的影响力和竞争力，其内涵体现着学术期刊的个性和读者的认同感，象征着学术期刊出版者的信誉和实力。在构成学术期刊核心竞争力的诸要素中，品牌栏目是关键。因此，学术期刊要想在强手如林的出版业生存和发展，就必须以特色吸引读者和作者，以品牌栏目增强核心竞争力。

品牌栏目凸显学术期刊特色。品牌栏目是学术期刊形象的标志，是学术期刊个性的集中体现，特色是学术期刊生存和发展的根本，是学术期刊的生命线，是一种学术期刊不同于其他学术期刊的重要标志。而每种学术期刊都是以其栏目为组织结构基础的，栏目既是学术期刊的窗口，又是学术期刊具体内容的板块组合，更是学术期刊编辑思想的准确表达。

品牌栏目最能吸引读者和作者。品牌栏目的知名程度决定着学术期刊的市场影响力和所占的市场份额，也直接影响学术期刊的经济效益，是学术期刊的核心竞争力，是最能吸引读者和作者的信号。通过栏目策划和编排，引导作者的科研活动和科研方向，吸引选题前沿、高质量、高水平的作者，能深度发掘本学科学术研究。品牌栏目不仅选题前沿、学术水平高，而且其栏头构图、文章编排引人注目，已形成品牌栏目的"商标"，强烈地吸引着广大作者和读者。

品牌栏目最能展示学术水平和期刊社的编辑水平。学术期刊一般都依托于高等院校或科研机构，这些高等院校或科研机构具有较高的学术水平和研究能力，为学术期刊打造品牌栏目提供了一个好的基础，是品牌栏目持续发展的不竭动力，因而学术期刊品牌栏目刊发的文章最能展示其学术水平。在版式设计、标题与正文用字、表格编排、编辑规范等方面，学术期刊社对品牌栏目精益求精，栏目安排在最显著位置，配置最优秀的编辑人员，是学术期刊核心竞争力的具体体现。

7.3.2　打造品牌栏目必须的四大因素

学术期刊生产与其他产品生产一样，都是人力、财力、物力的有机结合，品牌栏目是学术期刊依据自身实际和发展方向，生产出版的具有一定独创性、能产生一定社会影响和创新效应的精品，它是学术期刊的一种标志。

（1）市场需求

学术期刊具有传播科学知识、促进科学发展、传授先进工艺的重要使命，在科学发展和社会进步中起着决定性作用，时刻为社会经济发展服务，研究社会经济发展态势，分析社会经济发展中问题的根源，探讨解决问题的方法，因此，学术期刊应及时把握市场经济发展的主流和前沿，适时刊发相关理论和研究方法，为市场经济服务。品牌栏目更是完成学术期刊重要使命的主力军。

第一，品牌栏目是市场经济发展的产物，随着经济全球化进程的推进，出版全球化成为经济全球化的一个组成部分，学术期刊也置身于经济全球化之中。特别是在网络迅猛发展的环境下，学术期刊出版全球化使优秀期刊能够被更广泛的读者分享，学术期刊资源在全球范围内得到有效配置和使用。学术期刊在市场化浪潮中生存和发展依靠的是其特色和优质，而品牌栏目正是学术期刊特色和优质的集聚。第二，品牌栏目记录着社会经济理论发展的主流，品牌栏目始终瞄准社会经济理论发展前沿，探索新理论，研究新问题，提出并检验新方法，持续稳定地推动社会经济理论发展。第三，品牌栏目服务社会经济发展，品牌栏目聚焦社会经济实践，把握时代发展脉搏，彰显社会经济发展取得的成绩，追踪社会经济发展中出现的问题，刊发具有新观点、新方法的文章，为社会经济发展实践服务。

（2）人力精干

人力是社会再生产得以顺利进行的不可或缺的因素，并在再生产中起着决定性作用。在学术期刊出版发行过程中，人力主要是指主编、编委会和责任编辑，他们同样起着决定性作用。

第一，在栏目设计方面，同一时期不同主编、编委会和责任编辑在搜寻社会经济发展中的热点问题、前沿问题方面的能力千差万别，因而他们策划的选题、设计的栏目也会迥然不同，只有具有较高学术水平的编辑能够准确把握专业研究前沿，策划优秀选题，设计品牌栏目。第二，在审稿选稿方面，具有较高学术水平的编辑会更加注重文章视角的新颖性和理论深刻性，选用视角新、学术价值高、研究方法科学、对社会经济发展实践具有重大指导意义的文章。第三，在编校过程中，具有较高学术水平的编辑掌握的专业知识更精深、相关知识更多，更容易发现文章中的学术性错误和表述性错误，准确地提出修改意见；对文章进行精益求精的编辑加工时，具有较高学术水平的编辑更注重文章的结构合理、语言流畅、用词准确，尽量提高文章的编辑质量。第四，学术期刊作为知识和知识创新的载体和传播工具，同样也受到计算机和网络化带来的影响，具有较高学术水平的主编和编辑能充分利用计算机技术、网络优势实现编辑工作现代化，从选题策划、组稿、审稿、编辑加工到排版、校对、印刷、发行，让学术期刊编辑工作逐步向无笔办公发展；他们能较快地提高外语水平和专业学术水平，知晓国外的相关专业的学术研究成果，拥有较强的对外文稿件及稿件中的外文的鉴赏能力，刊发有价值的外文文稿，提升学术期刊的国际知名度。

（3）财力充沛

财力就是学术期刊办刊经费，是学术期刊生产过程必需的经济基础，特别是在市场经济发达的网络环境中，财力是学术期刊生存和发展的关键。因为在网络环境下，学术期刊的传播渠道更宽，传播速度更快，点击率更高，读者可更方便、更便宜（甚至是免费）阅读，学术期刊的外部性问题更加突出，学术期刊根本无法按市场经济规律实现盈利，甚至难以实现盈亏平衡。因此，学术期刊社必须财力充沛，保证生产各环节所必需的财力。当然，打造品牌栏目需要更充沛的财力。

第一，品牌栏目需要优质文章，而在一定时期优秀文章的供应基本上是固定的，为了获得这些固定数量的优秀文章之一，编辑部必须在提高学术期刊知名度的同时，提高稿费或加强与作者联络，这些都必须有财力支持。第二，品牌栏目需要精美设计，一般都应指派期刊社中最高设计水平的美术编辑设计，而且要有别于其他栏目设计，在缺乏高水平的美术编辑时，必须聘请同行业中的高水平美术编辑参与品牌栏目设计，以保证品牌栏目版式设计精美，这仍然需要财力支持。第三，品牌栏目需要精雕细刻，为了保证并提升品牌栏目文章的学术质量和编辑质量，期刊社必须安排最精干的编辑负责稿件的编辑加工，既可在专业知识方面严格把关，又能将文章编辑加工成结构合理、用词准确、结论正确、观点新颖、图表美观、参考文献规范的优质文章，更能与作者就文章中的问题及时而恰到好处地与作者沟通，使编辑和作者的学术水平与编辑水平共同提高，这也需要财力支持。

（4）物力优质

学术期刊的物力主要是指文章，文章是学术期刊生产的原材料。巧妇难为无米之炊，无好米就无好饭。只有好文章才更可能、更快捷地编辑加工成为高质量文章，才能生产出高质量学术期刊。品牌栏目是学术期刊的特色栏目，彰显学术期刊的学术水平和编辑水平，因此，品牌栏目更需要好文章。第一，好文章选题前沿，反映当今社会经济发展理论研究的新成果、新技术及最新科研动态，适时提出解决社会经济发展实践中的问题的方法。第二，好文章学术水平高，能代表社会经济发展理论研究中的最高学术成果和最新思想，而且作者的写作水平高，层次更清晰，表达更准确。第三，好文章编辑加工更快捷，好稿件选题前沿，结构严谨，观点新颖，论证充分，病句和错别字少，因而需要编辑加工之处简单而且少，既避免了出现专业性错误的可能，又节约了编辑加工的时间。

若没有好文章，纵使编辑自身素质再高，编辑技能再强，也不可能将所有准备刊发的文章修改成高质量的稿件。况且各个责任编辑各有自己的专业，专业之外的稿件就无法修改，即使勉强修改，也不会尽善尽美。可见，文章质量的好坏，决定着学术期刊刊发文章质量的高低。学术期刊刊发的好文章是学术期刊品牌栏目的基础，是学术期刊生命力旺盛的标志。学术期刊之间的竞争拼的是质量。质量的集中体现是有没有出类拔萃的文章。好文章符合学术期刊的办刊宗旨，能代表最新的写作艺术水平。有了这样的文章，学术期刊就有了与众不同之处。读者就会拥护它、记住它和想着它，期望着下期有更好的文章出现。

7.3.3　品牌栏目策划案例

《财经问题研究》贯彻落实习近平总书记关于"高品质的学术期刊就是要坚守初心、引领创新，展示高水平研究成果，支持优秀学术人才成长，促进中外学术交流"的重要指示精神，以习近平新时代中国特色社会主义思想为指导，坚持马克思主义政治经济学基本原理和基本原则，栏目设置凸显财经特色，内容聚焦新兴交叉学科，提炼总结中国经济发展规律性成果，讲好中国经济故事，助力丰富发展中国特色社会主义政治经济学的学科体系、学术体系和话语体系。坚持"更好成为研究阐释党的理论创新成果的坚强阵地，成为推动加快构建中国特色哲学社会科学的学术高地"的功能定位，树立鲜明的问题导向和创新意识，引导哲学社会科学界立足世情国情党情，瞄准重大命题和前沿问题，积极开展学术资源发掘、学术方法互鉴、学术领域融通，持续推进特色化建设和知识交流传播。

《财经问题研究》立足职责使命，突出财经期刊定位，通过选题策划引导服务国家重大战略需求，聚焦数字经济等交叉/新兴学科前沿问题，以政治自觉和理论担当讲好中国经济故事，在办刊质量和水平等方面取得较好成效。

习近平总书记在哲学社会科学工作座谈会上指出："从学科建设做

起，每个学科都要构建成体系的学科理论和概念"，学科建设要"突出优势、拓展领域、补齐短板、完善体系"。从学科体系的全局来看，学科体系建设是根据经济社会发展需求而形成的合理的学科门类，需要立足当代中国的伟大实践，瞄准学科发展的前沿趋势，尊重学科发展的客观规律，整合学科资源、凝练学科方向、谋划学科布局、汇聚学科队伍、筑牢学科高地、优化学科结构，进而不断形成布局合理的学科体系。《财经问题研究》作为研究阐释中国特色社会主义政治经济学的思想理论阵地，把研究好、阐释好、宣传好习近平经济思想作为首要任务，找准刊物定位，科学合理设计学科栏目，形成包括特色栏目、品牌栏目、滚动栏目和优势栏目的矩阵，推进马克思主义政治经济学与中国特色社会主义政治经济学实践紧密结合，以特色栏目服务金融、企业经济、投资、财政与税收等学科发展，发表了一大批具有鲜明财经特色的高水平研究成果。

（1）围绕习近平经济思想研究阐释，打造"学习贯彻党的二十大精神""理论研究"特色栏目

"学习贯彻党的二十大精神专题"栏目是《财经问题研究》2022年增设的专栏。党的二十大闭幕后，《财经问题研究》第一时间增设"学习贯彻党的二十大精神专题"专栏，系统研究阐释党的二十大精神。聚焦党的二十大提出的经济社会发展新思想、新理念、新方针、新战略，策划推出10期党的二十大精神的研究阐释成果，彰显了《财经问题研究》的政治自觉和学术担当，具体见表7-6。"理论研究"栏目是《财经问题研究》主打栏目，也是教育部名栏目，多次被全国高等学校文科学报研究会和辽宁省期刊协会评为优秀栏目，具体见表7-7。两个栏目在内容设置上突出体现马克思主义政治经济学在经济学门类中的指导地位，吸引了国内极具影响力的知名学者，如周天勇、周文、罗必良、任保平、马海涛、李宏瑾、邱崇明、苏敬勤、李晓华和顾昕等为栏目撰稿，同时也培养了一批颇有建树、具有较大潜力的中青年学术骨干和新锐，如胡国栋、钞小静和姚金伟等，以高质量研究成果服务党和国家工作大局。

表7-6　　　学习贯彻党的二十大精神专题论文刊发情况

序号	题名	作者	时间
1	儒家伦理与新商业文明：中国式现代化的商业逻辑	胡国栋，陈宇曦	2023-08
2	以规范财富积累机制推进中国式现代化	王艺明	2023-07
3	中国式现代化与数字经济发展	周文，施炫伶	2023-06
4	扩大高水平对外开放的理论思考	项松林，苏立平	2023-05
5	数字经济背景下政府与市场制度创新的协调研究	任保平，孙一心	2023-04
6	中国经济高质量发展的时空差异与收敛特征研究	钞小静，链园梅，沈路	2023-03
7	着力提升产业链供应链韧性和安全水平研究	石建勋，卢丹宁	2023-02
8	以产业融合壮大实体经济	夏长杰，刘慧	2023-01
9	共同富裕视域下全民医保的再分配效应研究	顾昕，惠文	2022-12
10	中国共产党领导与中国经济奇迹的学理研究	朱成全	2022-11

表7-7　　　理论研究栏目（教育部名栏目）论文刊发情况

序号	题名	作者	时间
1	后熊彼特时代下现代契约理论的新探索：企业员工契约理论	陈劲，李根祎	2023-12
2	预期对反垄断政策的若干启示	吴汉洪，王成	2023-12
3	中国式现代化的地权制度改革效应研究	罗必良	2023-10
4	国家可持续发展实验区能否实现社会公平？——基于多时点双重差分模型的政策效应评估	洪竞科，郑琪，刘炳胜	2023-11
5	资源禀赋能否转换为地区创新优势？	王丽艳，张凯强，马光荣	2023-11
6	资源错配研究的新进展	郭涛，彭绪庶	2023-11
7	统筹发展和安全的政治经济学解析	陈健，郭冠清	2023-09
8	国企混改的理性优势、实践逻辑与路径优化	朱炜，李金铭，綦好东	2023-09
9	分销商敏捷性的塑造及其对制造商经济绩效的影响——基于关系交换理论视角	张闯，蓝天尉，张志坤	2023-09

序号	题名	作者	时间
10	去杠杆三因子模型：如何跨越信贷密集型增长	朱鸿鸣，赵昌文	2023-08
11	中国流通经济学研究的历史回顾、总体特征与展望——聚焦高等学校流通经济学教材建设	梁佳，徐振宇，夏春玉	2023-08
12	中国城镇劳动力工资收入差距的长期演变	李实，吴珊珊，邢春冰	2023-07
13	新时代资本功能复杂性的理论探析	姚金伟	2023-07
14	平台企业财务共享战略管理理论构建	丁胜红，周红霞	2023-07
15	产权制度的社会关系效应	耿鹏鹏，罗必良	2023-06
16	城市财富增长中的知识资产价值	冯云廷，陈诗言	2023-06
17	经济增长的规模经济效应：从增长奇迹到新发展格局	李宏瑾	2023-05
18	民间借贷法律规制对犯罪的影响——基于利率上限调整和高利贷入罪的实证研究	叶斌，熊秉元	2023-05
19	反垄断执法主导与行业规制协同的平台经济监管研究——理论分析与中国的模式创新	白让让	2023-04
20	不确定环境中员工建言对授权领导影响的机制研究	王尧，李朋波	2023-04
21	案例研究为什么能为本土管理理论作出贡献——学理基础与构建路径	苏敬勤	2023-03
22	数字经济赋能乡村振兴：影响机制和空间效应	孟维福，张高明，赵凤扬	2023-03
23	我国减税降费的理论内涵、演进逻辑及基本特征	马海涛，姚东旻，孙榕	2023-02
24	教育对个人收入分配具有怎样的影响	陈婕，张凤林	2023-02
25	构建高水平社会主义市场经济体制的增长潜能测算	周天勇	2023-01
26	构建高水平社会主义市场经济体制的逻辑与核心制度	刘戒骄，刘冰冰	2023-01
27	如何认识和发展劳动价值论	朱富强	2023-01

（2）突出鲜明的问题导向和创新意识，精心组织"财政与税收""金融与投资"品牌栏目

《财经问题研究》的"财政与税收"栏目所发表的文章具有较大社会影响力，近年来也得到了专家学者的广泛认可。2023年，"财政与税收""金融与投资"栏目，努力打破政治经济学与现实经济问题之间的割裂状态，突出鲜明问题导向和创新意识，聚焦"财政政策""数字金融"等方向重点选题，分别从建立现代财税体制机制、数字普惠金融等方面组稿，加强应用经济学与理论经济学的学科对接，推动构建门类齐全、布局合理的学科体系，具体见表7-8和表7-9。

表7-8　　　　　　　　　**财政与税收栏目论文刊发情况**

序号	题名	作者	时间
1	对口支援横向转移支付能够矫正财政失衡吗？——基于双重差分模型的实证研究	孙开，牛晓艳，张磊	2023-10
2	参与式预算视角下的绩效管理改革研究	马蔡琛，马刘丁	2023-10
3	税收任务对企业社保遵从的影响及机制研究	任星宇，吕炜	2023-09
4	地方政府债务、企业融资约束与企业创新	郑洁，袁洋，李国豪	2023-09
5	国家治理视角下的中央地方财政博弈——典型特征与治理方略	付敏杰	2023-07
6	CFO专业胜任能力对企业税负影响的机理及经济后果	刘白璐	2023-07
7	境外所得税减免的对外投资促进效应——基于2008年企业所得税改革的实证检验	谢贞发，杨健鹏，梅思雨	2023-06
8	财税政策对物流企业GTFP的影响——基于税式支出与财政补贴的对比分析	刘钻扩，张艺涵，姜昱帆	2023-06

表7-9 　　　　　　　　　　金融与投资栏目论文刊发情况

序号	题名	作者	时间
1	数字流量模式与企业融资约束	彭俞超，孙铭鸿，王舒奇	2023-12
2	非金融企业金融化如何影响企业主业发展	邢天才，李雪	2023-12
3	金融资源分布与产业布局对大、小城市病的影响	李治，刘诚	2023-08
4	城市商业银行设立、融资约束与行业效率	胡秋阳，李文芳	2023-08
5	数字普惠金融发展能促进代际收入流动吗？	赵立业，吴卫星	2023-05
6	数字普惠金融如何影响民营企业成长	张林，王燕霞，郑强	2023-05
7	企业数字化转型能否提升智力资本价值创造效率？	张任之	2023-05
8	中国金融科技发展的区域差异、分布动态及收敛特征	吕承超，何加豪	2023-04
9	养老保险降费改革的经济效应评估	余海跃	2023-04
10	基金业绩排名压力与赌博式交易倾向 ——基于中国开放式股票型基金的实证检验	王志强，吴思璠	2023-03
11	数字金融发展与城乡家庭债务风险差异	张正平，任康萍，谭秋云	2023-03
12	金融知识与家庭财务脆弱性 ——基于中国家庭金融调查数据的实证研究	尹志超，李青蔚，张诚	2023-02
13	数字素养、金融知识与农户数字金融行为响应	温涛，刘渊博	2023-02
14	社会保险如何影响代际收入流动	范绍丰	2023-02

（3）聚焦经济领域热点问题，重点培育"产业经济""企业经济"重点栏目

依托东北财经大学产业经济学和工商管理学学科优势，通过编辑的精心策划及校内外专家学者的鼎力相助，经过多年的打磨、打造和历练，"产业经济""企业经济"栏目已成为《财经问题研究》的骨干栏目。2023年，《财经问题研究》的"产业经济""企业经济"两个栏目

分别从产业数智化、产业政策、国有资本投资运营、企业债务融资、公司治理和健康信息服务类平台卖家服务问题等方面组稿，推动经济学、管理学以及交叉学科的发展，具体见表7-10和表7-11。

表7-10　　　　　　　　产业经济栏目论文刊发情况

序号	题名	作者	时间
1	中国式现代化视域下的新型工业化研究——发展逻辑、内涵特征及推进机制	杜传忠，王纯，王金杰	2023-12
2	"碳排放双控"下碳市场对企业低碳转型的影响	董康银，邓又一	2023-12
3	产业协同集聚对绿色创新效率的影响研究——基于空间溢出视角	常哲仁，郑梦	2023-10
4	放松市场准入规制能否提升自然垄断行业绩效？	韩胜飞，宁颖斌，陈林	2023-10
5	"双循环"背景下的价值链嵌入与碳排放	王道平，王奕淳，刘琳琳	2023-09
6	电子商务平台滥用相对优势地位行为的违法性辨析	陈可，侯利阳	2023-09
7	独家交易、创新激励与福利效应——基于数字版权协议的分析	冯博，刘龙	2023-08
8	政府环境信息公开对居民主观幸福感影响的效应研究	佟孟华，郭娜娜，李剑培	2023-08
9	欧盟外国补贴监管政策的动因、特征和影响	林平，魏昕	2023-07
10	重点产业政策如何抑制产业震荡	张倩琳，戚聿东	2023-07
11	作为GPT的GPT——新一代人工智能的机遇与挑战	陈永伟	2023-06
12	网络信息内容治理的平台责任配置研究	唐要家，唐春晖	2023-06
13	数字科技伦理监督：美国进展与中国借鉴	肖红军，阳镇	2023-06
14	自愿型环境规制如何影响企业生存？	刘经珂，陈艳莹，于千惠	2023-05
15	机器人应用对城市碳排放影响的机理与效应研究	王海，郭冠宇，闫卓毓	2023-05
16	产业数智化与家庭消费升级	张梦霞，黄凯祥	2022-03
17	产业政策对企业僵尸化影响的机理与效应研究	张伟广，冯师钰	2023-03

表7-11　　　　　　　　　　企业经济栏目论文刊发情况

序号	题名	作者	时间
1	房地产企业股权结构对债务风险的影响研究	白彦军，鲁筱，叶剑平	2023-09
2	企业数字化转型动机与多元化转型路径研究	巫强，黄孚，汪沛	2023-09
3	面向中国式现代化：以共同富裕为导向的企业责任	原理，赵向阳	2023-07
4	资本市场开放会提高企业可持续发展能力吗？——基于企业ESG表现的研究	王浩宇	2023-07
5	地方政府官员环保考核压力与上市公司ESG表现	石凡，王克明	2023-06
6	党组织参与治理能促进实体经济"脱虚向实"吗？——基于民营上市企业的实证研究	黄建烨，李玉婷，谭成雪	2023-04
7	金融科技、金融监管与企业高质量发展	王小华，宋檬，杨亦兰	2023-04
8	国有资本投资运营公司的创新驱动路径研究——基于扎根理论的探索性分析	陈艳利，戚乃媛	2023-03
9	用户画像促进企业与用户互动创新的机制及构建方法	罗婷予，谢康	2023-03
10	《社会保险法》实施对企业创新的影响研究	王朝才，李天舒	2023-03
11	中国式创新的内驱动力、资源行动与模式选择——来自党领导的典型企业创新实践的多案例研究	李宇，王铁勋	2023-02
12	碳中和情境下管理者意义行为对企业战略变革的影响	路晨曦，张文锋	2023-02
13	"追逐流量"还是"追逐品质"——健康信息服务类平台卖家服务策略对服务绩效的影响研究	汪旭晖，陈佳琪	2023-01
14	数字化转型对企业债务融资成本的影响研究	刘梦莎，邵淇，阮青松	2023-01
15	公司治理的中国话语体系构造研究	吴尚轩	2023-01
16	多个"国家队股东"与企业技术创新——基于准财政政策视角	唐大鹏，王凌，江琳	2023-01

8　推动学术期刊深度融合发展

《出版业"十四五"规划》提出："着力推动一批数字出版精品。加强数字出版内容建设，深入推进数字出版供给侧结构性改革，有力发挥重点项目和工程示范带动作用，推出一批导向正确、内容优质、创新突出、双效俱佳的数字出版产品和服务。"数字出版要把内容建设放在更加重要的位置，始终坚持出版导向，强调价值引领。

媒介融合涉及体制机制、利益调整等深层次问题的深刻变革，需要思维观念、体制机制、生产流程和人才队伍等各方面的转型升级。传统媒体的数字化转型周期长且投入巨大，依靠传统媒体自身的积累难以有效解决资金需求难题。例如，数字化趋势迫使学术期刊社进行技术和设备的升级，提供基于互联网、移动互联网的数字多媒体服务，从而带来巨大的资金需求。

8.1　拓展学术期刊的传播渠道

随着互联网的发展和普及，传统学术期刊从业者开始意识到媒介融合和数字出版的重要性，早期的转型是出版数字期刊。数字期刊要有载体，因而开始建网站，寻求刊网互动。在刊网互动的过程中，对纸质学术期刊的整个组织架构的影响不大，随后开始从刊网互动向刊网融合转型。目前学术期刊在媒介融合、数字化转型的思想意识上已经初步达成共识，但由于自身技术、资金和人才基础千差万别，学术期刊的媒介融合和数字化转型主要是个体的实验性行为，发展方向和前景仍然充满了不确定性。王飚和毛文思（2022）指出，出版业要顺应信息传播移动化、碎片化、可视化、智能化、场景化、社交化等新趋势，精准匹配用户需求和应用场景，进行生产流程、产品形态和服务方式等全面创新，持续推动出版业各领域多方位全链条深化数字化转型，迈向深度融合，构建出版融合发展的支撑服务生态体系。

8.1.1　充分利用在线采编发系统

菲德勒（2000）指出，当比较新的媒介形态出现时，旧的媒介形态并不会消亡，会继续演进。数字出版拥有先进的技术和多样化的传播渠道，具有高效、便捷、信息资源共享和价格低廉等优势，但数字出版在内容的专业性和质量方面主要依赖传统学术期刊，受众的忠诚度和黏性不高是其短板之一。从这个角度来看，数字出版是对传统出版在媒介融合背景下的一种创新和融合，而不是替代与对立的关系。

传统媒体拥有内容生产优势、资源优势和品牌优势，新兴媒体具有新技术、用户和市场。传统媒体纷纷转型，试图通过新兴媒体的技术平台发展壮大。三网融合是中国媒介融合的产业发展环境，数字技术给媒介融合提供了技术支持，媒介生产的现实需求是媒介融合的内在动力，传统媒体之间的界限被打破，新媒介技术的出现打破了传统媒介的生产模式。传统媒体在数字化转型方面进行了很多尝试。互联网和信息化首先影响的是报业，尤其是市场化的都市类报纸，长期经营模式是坚持内容为王，营造内容影响力，然后二次售卖获取广告投放。这种模式早已被颠覆，带来的是营业收入的"断崖"式下跌，让整个行业不得不面对转型。在媒介融合背景下，传统学术期刊在进行内部调整的同时开始尝试新媒体业务，在坚守和突围中不断探索新的发展路径。

　　传统出版拥有丰富的内容资源和强大的作者、审稿专家、编辑和读者队伍，数字出版拥有先进的技术和多样化的传播渠道，前者可以为后者提供优质的内容资源，后者可以为前者在内容资源的优化与再利用方面提供技术支持。因此，应对数字出版产业价值链进行整合和重构，培育传统出版和数字出版各自的核心资源，在充分发挥不同环节各自优势的基础上共同打造数字出版产业，推进学术期刊的数字化转型升级。

　　现代科技的发展，推动新闻传播从"铅与火""光与电"走到了"数与网"。谁掌握了技术，谁就拥有了渠道。如果不能在互联网终端特别是移动终端直接与用户对接，最终只能沦为那些已经建立优势的新兴媒体的内容提供商。用新技术、新产品引领和推动融合发展，力争在信息数据库建设、移动客户端建设以及提升微博、微信公众号影响力等方面，尽快取得新的成果。得益于移动互联网技术发展及智能手机的普及，移动终端成为国人上网获取信息的主要手段，用户的时间越来越被移动端占有，报纸、期刊、电视等传统媒体固然重要，但不得不面临日益边缘化的趋势。

8.1.2　推进增强出版模式应用

　　在出版深度融合背景下，传统学术期刊在优质内容方面的优势应逐渐延伸拓展到新媒体中，应增强优质内容生产能力，创新优质内容传播形式，建立数字化立体式服务平台。学术期刊要从自身实际出发提高技术的适用性和有效性，不盲目追求多类型出版模式的创新，更重要的是推进现有出版模式的应用深度和广度。

　　在与大型学术期刊数据库出版平台合作的同时，一些具有技术实力和经济实力的学术期刊社积极与开发商合作，独立建设自己的网站，使网站成为学术期刊数字化出版和网络出版的技术平台，加速了学术期刊媒介融合，促进了学术期刊数字出版和网络传播。这些网站的种类分为三类：独立建站、隶属建站和集群建站。在所有学术期刊网站中，科技类和医药卫生类的学术期刊独立建站的比例较高，社科类学术期刊独立建网站的相对较少。在网站上，主要内容基本是期刊动态、在线采编（投稿系统）、在线期刊和期刊信息。网站的技术支持主要来自一些网络技术公司，如中国知网采编系统、北京玛格泰克公司、北京勤云科技有限公司等。学术期刊网站除了提供过期期刊每期目录，还及时发布即将出版的本期目录。有的还有全文链接。学术期刊网站充分体现了媒介融合的特征。

除了网站建设，学术期刊通过手机、平板电脑等移动终端向用户推送有关信息服务，如导读、介绍、评论及全文下载等。学术期刊借助网络及终端设备进行出版和传播，是与新媒体融合的主要途径，也是最佳途径。由于网络技术和通信技术的广泛应用，用户通过手机等移动终端进行阅读的习惯已经形成，任何网络信息都可以被迅速搜寻和得到。学术期刊的编辑和出版适应这一发展趋势，必须制作出更加适合移动终端平台的内容形式。学术期刊手机 App 是读者进行移动阅读的平台，是纸质期刊向移动设备延伸的结果，也是学术期刊传统出版向新媒体发展的新形态。目前，中国通过手机进行阅读学术论文的网民队伍日益扩大，学术期刊手机 App 具有明显的优势和发展前景。

学术期刊主要基于二维码、期刊数据库、官方网站和微信公众号等方式，在传统出版物上添加超链接等手段，实现期刊相关信息与数据的融合，推进出版模式应用，进而拓展传播渠道和提升出版效率。由于网络技术和通信技术的广泛应用，学术期刊官方网站和微信公众号的优势和应用前景凸显，学术期刊编辑需适应这一发展趋势，推进基于"官方网站+微信公众号"的增强出版模式应用。在保证基本信息及时更新的基础上，学术期刊应对官方网站进行深度开发，逐步实现引文在线链接、文献检索、原始数据获取和评价指标统计分析等功能。学术期刊微信公众号应推送产学研新动态和差异化内容，建立包括读者互动服务、移动宣传、网络编辑人才培养等在内的创新模式。学术期刊的受众多为某一领域的专业研究人员，学术期刊官方网站和微信公众号提供的学术资源不仅应满足读者深度研读的需求，而且应满足其浅阅读、移动阅读、碎片化阅读的需求，也就是要针对受众的不同需求，根据媒体渠道特征提供差异化的内容资源，满足受众的多元内容体验需求。学术期刊可以尝试从传播研究成果（学术论文）向组织、引导研究选题（召开专题研讨会）甚至传播研究过程（原始数据、程序等支撑资料）转变，从而进一步扩大学术期刊的传播力和影响力（孙艳，2023）。

根据中国人文社会科学综合评价研究院的调研结果，CSSCI来源期刊目录（2019—2020）收录期刊开设微信公众号情况见表8-1，具体为学界提供期刊的投稿方式、最新目录和本刊论文等信息。从表中可以看出，以上述学科为例，CSSCI来源期刊开设微信公众号的占比高达82%，说明近年来学术期刊积极利用微信公众号这一平台进行宣传。

表8-1　　　　CSSCI来源期刊数及其开设微信公众号数

学科分类	CSSCI来源期刊数	开设微信公众号的期刊数
经济学	70	61
管理学	36	28
马克思主义理论	21	15
语言学	24	20
体育学	11	11
历史学和考古学	38	30
文学	24	20
哲学、宗教学	16	13
法学、社会学	35	28

8.1.3　推进开放获取出版模式发展

开放获取出版模式是国外学术出版的主流模式，在国内发展虽然相对缓慢，但也取得了一定进展。例如，由国家新闻出版署出版融合发展（武汉）重点实验室发起的开放科学计划，不仅实现论文的在线互动交流，而且提供精准化的知识服务。开放获取期刊具有投稿方便、出版快捷、出版费用低廉、便于传送或刊载大量的数据信息、检索方便以及有广泛的读者群和显示度等优势。开放获取出版模式涉及政府、出版单位、作者和读者等多个主体，推进学术期刊开放获取出版模式发展及学术期刊集群化建设，应在政府或行业主导建立开放获取平台的基础上，逐步完善学术期刊开放获取的制度体系和评价机制，从而实现与传统学术期刊评价体系的有效对接。出版单位和科研人员应充分认识到学术期刊开放获取的意义，积极参与和推进开放获取出版模式发展（孙艳，2023）。

在媒介融合背景下，学术期刊的运作方式和发展逻辑越来越多地呈现信息化、数字化、网络化的特征。信息技术的发展使学术期刊内容资源由稀缺变为丰富，受众拥有充分的选择权和自主权，市场的主动权正在发生从媒介向受众的转移。学术期刊虽丧失了渠道优势，但经过长期积累聚集了大量优秀的内容提供者（作者），也吸引了大量的受众（作者和读者）。因此，可以利用用户规模、用户受众黏性和深度内容为特定的受众提供相关信息。不同于工业时代的规模经济，信息化时代，细分领域、小众需求已能够很好地被满足，产品和服务的个性化需求变得越来越重要。学术期刊要把读者、作者转变为用户，优化用户体验，重构与用户之间的关系。通过数据挖掘和数据分析等技术手段，搜集用户的阅读习惯、阅读方式，建立用户数据库，分析用户构成及其需求，在了解用户的基础上进行分众化、精准化内容产品投递，并搜集用户反馈，积极与用户互动。形成"内容+平台+终端+用户"较为多样化的新兴媒体业态，积极利用微博、微信和二维码等新平台、新技术进行一体化捆绑式整合营销。积极借助社会优质资源，通过并购、合资、合作等多种市场化手段，弥补内容、平台和终端等方面的短板。

8.2 重构学术期刊价值链

学术期刊有强大的选题策划能力、大量优质的内容资源和广泛丰富的社会资源，具备一定竞争优势，在此基础上可以通过与产业价值链其他环节合作，通过相互协作与信息共享实现产业价值链重构。波特在《竞争战略》中将企业的产业价值链整合分为纵向整合、横向整合和异质整合三个维度。就学术期刊而言，限于资金和技术等方面的制约，数字出版产业价值链的重构初期可以通过合作和联盟等方式进行整合，待条件成熟后再采用横向整合的思路。

在数字技术、网络技术的推动下，电信、出版、网络的产业边界日益模糊、收缩，甚至趋于消失，三大产业在生产内容、传输平台和接收终端等多个维度不断走向融合。全球范围内的产业融合成为推动媒介制度改革的重要外生动力。随着信息技术的快速发展与应用，新一轮的产业体系框架变迁正在全球范围内发生，产业融合首先发生在传媒、电信、计算机等领域。随后，国内学者开始对出版业产业融合展开理论和应用研究，王松茂（2007）讨论了产业融合对中国出版业规制政策的挑战与对策。在"十三五"重点出版物规划中，首次专门设立了主题出版规划；重点出版工程规划、文艺原创精品出版工程、古籍出版规划、辞书出版规划等都体现了加强原创、提高质量、多出精品的要求。

8.2.1 学术期刊的市场结构变迁

按照产业分类标准，期刊产业作为传媒产业的子产业之一，与电信业、计算机业等其他产业相关联。结合学术期刊的特性，本书借鉴许志晖（2011）对"媒体融合"的概念界定，即在技术进步和规制放松的条件下，学术期刊产业与其他产业之间经过技术、业务和市场等层面的融合后，改变了原来的产业边界和市场结构，产生了全新的产品和市场需求，从而推动学术期刊产业向更为高级的产业形态演进。

市场结构反映市场中的竞争水平和垄断程度。产业边界的模糊与收缩、产业价值链的裂变对学术期刊的市场结构产生了极为深远的影响。经典的市场结构理论主要解释结构、行为、绩效之间的关系。在媒体融合过程中研究学术期刊市场结构的变迁具有现实意义。

市场结构是指一个行业内部买方和卖方的数量及其规模分布、产品差别的程度和新企业进入该行业的难易程度的综合状态（范金等，2004）。学术期刊的市场结构特征如下：市场集中度低，同质化现象严重，区域分割严重，市场进入壁垒高。产业融合过程中学术期刊市场竞争得以强化，具体表现如下：第一，产业链的裂变重塑市场竞争格局。以往研究学术期刊市场结构是讨论期刊的纵向市场结构，现在讨论内容、传输和终端等横向市场结构。数字化内容打破了内容生产对媒介介质的高度依赖，内容脱离介质而独立。传统媒体垄断市场结构很高的纵向市场结构被瓦解，日益发展为竞争性较强的横向市场，学术期刊的竞争强度不断强化。第二，市场容量的扩大加剧市场竞争程度。按照施蒂格勒的理论，市场容量决定市场结构的演化（施蒂格勒，2006）。从垄断到竞争再到垄断，这是由市场容量决定的产业市场结构演化的一般规律。传统媒体都是为消费者提供特定情境下的信息服务，媒体融合使数据库运营商和一些相关信息服务主体相继成为学术期刊市场的新兴主体。未来的学术期刊市场是一个规模日益扩大的市场，其竞争程度将不断加剧。市场范围的扩大虽然拓展了竞争范围，但竞争仅是一种可能，是市场容量的扩大加剧了市场竞争程度，可竞争市场的形成激化了市场潜在竞争。

产业融合过程中学术期刊市场出现垄断趋势，学术期刊产业的价值链发生裂变，价值链的各个环节由不同主体完成——选题策划、组稿、审稿、编辑、排版、印刷和发行。网络外部性是消费环节的一种外部性，指一种产品或服务相对消费者的价值取决于该产品或服务的使用者规模，消费者人数越多，其价值越大。就学术期刊而言，第一份产品的生产成本高昂，而产品的复制成本低廉，随着销售规模的扩大，平均成本不断下降，规模经济由此产生。在媒介融合时代，数字内容可以被复制，在网络传输平台，增加一份数字产品的传输导致的成本增量几乎为0。同时，数字技术将各种形态的内容——文字、图像等格式转化成"0""1"表示的数字信息，这些产品形式可以低成本地重新包装、相互转化，从而形成范围经济。新的产业链包括内容提供商（内容的提供者和编辑加工者，即作者和期刊从业者）、软件及技术提供商、网络运营商（通过建立虚拟网络进行运营服务，为平台提供商提供网络支持，如无线网络运营商和固网运营商）、平台提供商（内容呈现平台，指为网络分享、交易等服务提供网络空间、技术支持、服务支持的计算机网络系统的网络运营者）、终端提供商（传输的最终环节，如电脑、手机）、受众（信息的接受者）等（菲德勒，2000）。

8.2.2 学术期刊产业价值链的整合与重构

从长远来看，学术期刊深度融合发展能够拓展传播渠道和提升学术成果传播效率。但从目前来看，学术期刊的媒介融合大多流于形式，大部分学术期刊媒介融合之路较为艰难。如果可以充分利用现有的技术手段和人才资源，提升受众黏性和服务过程的交互性，从而提升出版效率和传播效率，最终提升学术期刊质量不失为一种有益的尝试。

（1）传统学术期刊产业价值链

从产业结构来看，电信、广播电视、出版等几大产业的价值链纵向分离，横向交相融合，电信业内部融合的同时也使产业链的结构发生了相应变化，逐步从纵向一体化结构裂变为横向一体化结构。信息技术引发电信产业链和出版产业链的相互连接或嵌入，从而引发竞争，内容提供和网络运营是两个产业首先发生关联的节点。

从市场结构来看，电信和出版两大产业价值链的融合重塑了市场竞争格局；在政府规制上，传统媒体规制的市场基础正在消失，纵向分业规制遭遇根本性挑战。已有文献对媒介融合过程中学术期刊的市场结构问题鲜有关注。媒介融合是强化竞争，还是融合过程中存在新的垄断趋势（知网等技术供应商、网络出版版权问题），强化的竞争与新的垄断趋势将形成什么样的市场结构，该市场结构的演进规律又是什么？对于学术期刊而言，要想实现数字化转型并在数字出版领域有所作为，必须重新审视数字技术下学术期刊产业的核心与关键能力，塑造整个编辑出版流程和组织结构，重新打造数字出版的产业价值链。

学术期刊产业链的完善是行业内在结构调整和优化的关键一环。目前，各大期刊集团、各类期刊的产业链结构正从垂直一体化结构逐渐发展为较为完善的、开放合作式产业链。其中尤以科技期刊产业链最为完善。随着信息技术在传播领域的应用及相关政策的指引，学术期刊数字化程度不断提升。多种传播载体的数字期刊更能满足读者多端口阅读期刊的需要，期刊移动传播成为行业热点。此外，期刊数字出版产业链也逐渐形成，主要包括作者、期刊社、数字出版平台运营商、终端读者等成熟链条。2018年，国内数字期刊收入达21.38亿元，而2006年时，数字期刊收入仅为5亿元（董毅敏和秦洁雯，2019）。

传统学术期刊的产业价值链是"作者—编辑—出版—发行—读者"这种单一的线性传播过程，收益也仅存在于产品销售环节。随着信息技术、网络技术和数字技术的发展，学术期刊的内容形态、出版介质、传输渠道和工作流程等发生改变。学术期刊数字出版的产业价值链如下：内容提供商（传统学术期刊）—多形态的信息内容（文本、图片、音频、视频、个性化服务等）—网络运营商（互联网和电信网等）—设备终端（电脑、手机和电子阅读器等）—用户。数字出版不仅模糊了产业边界，而且大大拓展了产业的范畴，使产业的构成要素变得复杂多元，生产与运作流程也发生改变，改变了整个学术期刊出版产业的生态。相对于传统学术期刊，数字出版是一次出版，多次利用。因此，学术期刊从业者应该转变观念，从单一的纸质出版思维向多媒介、全版权思维转变，实现出版内容数字化和出版媒介多元化。更为关键的是，重塑内容提供商的核心主导地位，围绕市场和读者需求重构产业价值链和自身运行模式，最终在整个产业价值链中赢得主动权。

本书采用产业价值链这一概念，传统学术期刊的产业价值链由作者、期刊社、印刷厂、发行商和读者等环节构成。期刊社通过选题策划、组稿、审稿等选定期刊内容，通过编辑、校对完成编辑加工，然后交付印刷厂排版、印刷形成实体的期刊产品，最后通过宣传、推广和发行等将期刊交付读者。在传统出版模式下，学术期刊社大多以纵向一体化的方式进入出版领域，具体如图8-1所示。

| 作者 | → | 期刊社 | → | 印刷厂 | → | 发行商 | → | 读者 |

图8-1　传统学术期刊价值链

（2）媒介融合下新的学术期刊产业价值链

本书借鉴秦艳华和于翠玲（2015）的研究，媒介融合背景下新的学术期刊产业价值链构成如下：第一，内容提供商，即学术期刊。内容提供商是指在数字出版产业中向受众提供内容资源的运营商，就学术期刊而言，内容提供商是指期刊社。内容是整个数字出版产业的核心环节，也是创造和传播价值的基础。传统的学术期刊出版单位发展历史较长，积累了大量的内容资源，并拥有高素质的作者、编辑和审稿专家队伍。由于技术、资金和人员等方面的制约，传统期刊社很难通过纵向一体化的方式进入数字出版领域，只能在内容的数字化前提下通过内容代理合作或版权交易等方式与平台运营商、电信运营商和硬件制造商合作，向受众提供内容并获得收益分成。第二，服务提供商。服务提供商是连接上游内容提供商和下游读者的纽带，对内容提供商提供的内容进行搜集、整理或深度加工，开发各种应用服务，通过不同的网络平台提供给用户。其中服务提供商凭借技术优势获得更强的竞争力。目前国内主要服务提供商有北大方正、同方知网、超星、万方数据和维普资讯等。第三，平台运营商。平台运营商为数字出版提供平台，消费者通过平台接触到数字出版物并进行购买和消费。数字出版平台发展迅速，产业价值链上的各个主体都参与到数字出版平台的建设，主要分为三种类型：电信运营商平台、电商平台和内容提供商平台。第四，设备制造商。设备制造商主要是为数字出版内容产品提供硬件设备，如汉王和Kindle等电子阅读器。

本书对新的学术期刊产业价值链进行梳理。在新的产业价值链中，除了传统学术期刊业外，电信业、系统集成商、应用开发商和软件开发商等通过提供各种服务也都加入到出版产业链中，具体如图8-2所示。

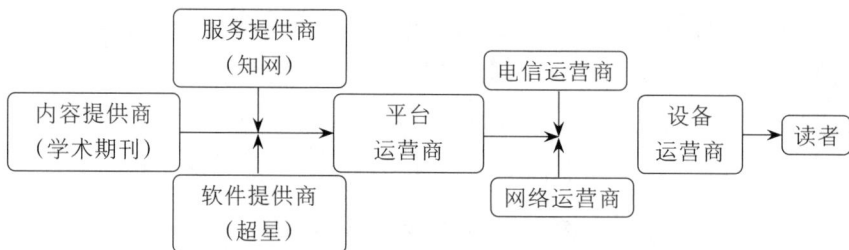

图8-2 新的学术期刊产业价值链

就新的学术期刊产业价值链而言，目前服务提供商（知网、北大方正、超星、万方）和软件提供商（超星）在整个产业价值链中居于关键环节，其与内容提供商（传统学术期刊）合作，为传统学术期刊提供数字阅读技术，面向机构用户或个人提供特色的数字产品，凭借其技术优势在数字出版产业价值链中处于主导地位。例如，超星通过研发数字阅读软件，整合产业价值链中的上下游企业，形成具有竞争力的产业运作模式。目前，已基本形成"内容提供商+渠道终端"的数字出版模式，即内容提供商与网络运营商合作，前者提供内容，后者提供渠道。渠道运营商可以通过较低的成本获得较高质量的内容资源，内容提供商可以通过渠道拓展实现收入多元化。其收益分配方式主要有两种：一是按字数结算，即网络运营商提供按字数下载收费服务，双方按约定比例分成；二是内容提供商一次性将版权销售给网络运营商。

8.3 学术期刊融合发展案例

从纸质学术期刊建设官方网站到探索移动客户端和微信公众号等移动社交媒体，变化的核心是受众获取学术资源的渠道。技术是媒体融合的重要驱动力，也是学术期刊发展的短板。学术期刊在加快自身融合发展的同时，仍要积极借助大型期刊数据库等外部技术资源和力量。目前，多数学术期刊仍处于融合发展的探索阶段，融合模式单一，没有形成稳定、可持续的融合发展模式。由于缺乏政府或行业主导的大型公共数字出版平台，且受限于技术、资金和人员等方面，传统出版单位更多地扮演内容提供商的角色，一些中小期刊社不得不选择"内容+平台合作"的模式（缪宏才，2011），缺少主动权和话语权。出版融合趋势倒逼学术期刊进行技术和设备的升级，提供基于互联网、移动互联网的多媒体服务，从而带来资金和人员需求方面的压力。目前，学术期刊关于媒体融合的尝试多处于分散和自发状态，融合水平参差不齐且未形成合力。基于官方网站和微信公众号等方面的新媒体建设都是在单一纸质刊物基础上的融合，集约化和规模化程度较低，甚至很大程度上只是把纸质期刊的部分内容"搬"到了互联网上，存在更新内容少、更新频率低，推送内容单一、同质化严重和缺乏互动等问题。因此，学术期刊官方网站和微信公众号的时效性不强且影响力较弱，未能很好地调动读者的积极性，用户黏度不高。

8.3.1 构建立体化学术传播新格局

"财经问题研究与东财学报"公众号创立于2017年12月28日，2018年2月7日发布第1条推送，截至2023年11月21日，累计推送次数624次，共1 415篇文章，原创651篇，关注人数10 250人。公众号关注人数呈逐年大幅上升趋势，由2019年的558人上升至2023年的

10 250人，具体如图8-3所示。随着关注人数增加，现在首发文章篇均阅读量达到 1 500 人次左右。

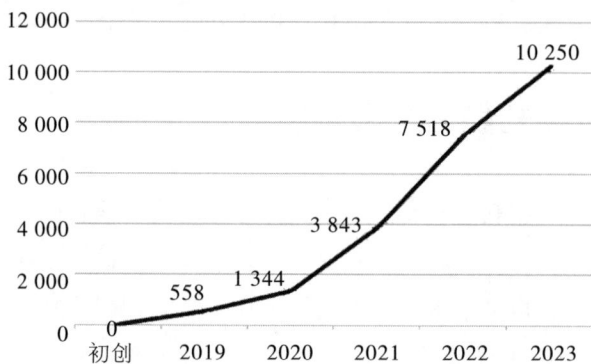

图 8-3 "财经问题研究与东财学报"公众号关注人数趋势图

为便于读者转发和转载，"财经问题研究与东财学报"公众号以单篇链接的发布方式推送《财经问题研究》《东北财经大学学报》每期文章，基于新媒体的灵活性，公众号根据作者需求选择具有一定学术性和时效性的文章进行优先出版，并根据新媒体读者的阅读习惯和当前热点问题对部分优先出版的文章进行节选和提炼。同时，利用图片、音频、视频、标准、推导过程和数据程序等举措，使阅读量和关注度大大提升，具体见表8-2。

表8-2 "财经问题研究与东财学报"公众号发挥学术期刊增强出版的举措

时间	推送	发文形式	说明
2018-07	《财经问题研究》《东北财经大学学报》	图片期刊封面和目次	目次展示
2019-04	《财经问题研究》《东北财经大学学报》	重点文章以PDF格式单篇推送	重点文章可单篇分享
2019-12	《财经问题研究》《东北财经大学学报》	全部文章以PDF格式单篇推送	生成全部文章以单篇链接形式分享
2019-12	《财经问题研究》《东北财经大学学报》	两刊文章先于纸质版优先出版	编辑编校后经作者确认，可通过公众号优先出版

续表

时间	推送	发文形式	说明
2020-01	公众号"中国道路""数字经济"栏目（话题标签）创立	运用公众号"话题标签"（栏目）新功能生成栏目	将已经优先出版的文章归类，形成"中国道路""数字经济"栏目
2021-05	摘要"语音播报"	在推文中加入"语音播报"	生成音频摘要，在推送中加入音频，提升阅读效率，丰富用户体验
2021-08	优先发表文章	对优先发表文章节选和提炼后发布	追踪热点问题并结合读者习惯，增加导语，介绍文章研究成果和社会价值
2021-10	公众号"碳达峰·碳中和"栏目（话题标签）创立		发布"碳达峰·碳中和"专题文章
2022-08	公众号"元宇宙"专题栏目（话题标签）创立		从"数字经济"专题中提取出"元宇宙"专题

8.3.2 设专题集聚热点与关切

紧跟时代步伐，抢占前沿学术阵地。"财经问题研究与东财学报"公众号共设立"中国道路""数字经济""碳达峰·碳中和""元宇宙"四个专题栏目，优先出版《财经问题研究》《东北财经大学学报》前沿热点文章。通过学术微信群、作者团队和其他媒体平台转发的方式传播文章，扩大公众号的影响力。

8.3.3 模式彰显影响与效益

"财经问题研究与东财学报"公众号共有全局可转载账号44个，其中包括北大汇丰金融研究院、清华大学国情研究院、中国社会科学院经济研究所、现代财经、腾讯金融研究院、文摘报、人大财税研究所、中国社会科学院旅游研究中心、中国宏观经济论坛CMF等知名公众号，这有助于文章的迅速发布和传播，具体见表8-3。

表8-3 "财经问题研究与东财学报"公众号全局可转载账号情况

序号	公众号名称	序号	公众号名称
1	北大汇丰金融研究院	23	新三农
2	数字化最前线	24	人大重阳
3	政经中国	25	区域经济
4	莳草智库	26	秉烛的夜谈
5	清华大学国情研究院	27	莫干山研究院
6	中国社会科学院经济研究所	28	恒曦数字
7	东陆金融	29	CECBC区块链专委会
8	创业邦	30	华派海纳
9	信息化百人汇	31	三见道
10	向远之	32	华夏思享智库
11	碎夜读	33	中国宏观经济论坛CMF
12	移动区块链观察	34	中国政治经济学智库
13	现代财经	35	金融观察家
14	深圳市信息服务业区块链协会	36	蒙格思报告
15	比较	37	服务型制造
16	长三角一体化	38	三农研究
17	一瓣	39	中国社会科学院旅游研究中心
18	扑克投资家	40	人大财税研究所
19	首席经济学家论坛	41	宝新金融
20	赫桥智库	42	土士学习联盟
21	赫桥财经	43	腾讯金融研究院
22	大金融思想	44	文摘报

8.3.4 强化外部合作，拓展传播渠道

2023年，《财经问题研究》共在中国知网优先出版46篇文章，占总发文量的34%，这能够有效解决学术期刊纸质出版滞后的问题。在拓展数字化传播渠道方面，《财经问题研究》《东北财经大学学报》已完成建设方案。2023年，《财经问题研究》编辑部的重点工作体现在以下两个

方面：一方面，与北大方正合作，完成编辑部排版流程的数字化改造。加入"方正鸿云学术出版云服务平台"，依托"方正飞翔 XML"排版系统，替代传统的书版排版工作，实现编辑、排版、校对三个工作流程的纵向一体化，提高排版效率和出版灵活度。另一方面，引进方正智能辅助审校系统，辅助编辑进行内容审核及校对，通过审校系统，编辑可以随时在编辑工具中对多维度的项目进行检查，并根据检查结果独立或批量修改稿件内容，从而提升稿件质量。

9 提升学术期刊编辑工作质量

学术期刊编辑工作质量是保证学术期刊质量的重要方面，也是决定刊物定位和影响力的关键因素。学术期刊编辑工作质量的提高能够保证文章的学术性和准确性，提升作者的学术声誉和影响力，从而推动学术交流和学科发展。因此，可以考虑从加强学术期刊编辑工作规范和加强学术期刊编辑人才队伍建设两方面提升学术期刊编辑工作质量。

9.1 编辑质量的形成机理

9.1.1 编辑质量界定

编辑质量主要是指编辑的创造精神和加工质量，也就是指编辑从选题策划到审稿、编辑加工再到编辑、校对、排版等一系列活动中进行再创作的质量。具体包括根据学科发展情况和读者需要，有选择地组织文章；选题配置得当，栏目设计合理，体例一致；努力减少文章在编辑部的滞留时间，以尽可能快的速度刊发；文章层次分明，结构严谨，条理清晰，逻辑性强，文字精练，标点符号、数字使用正确；执行有关国家标准和规定，科技名词术语统一、标准、规范；确保无科学性方面的错误，数据、公式、反应式、结构式等正确真实。

9.1.2 编辑质量形成于编辑工作各个环节

任何文章都需要编辑加工整理，文章经审定决定采用后，遵照审稿意见，在作者自行修改完善的基础上，编辑部应按照学术期刊标准化、规范化的要求，对文章的题目、内容、结构、语言、文字、图表、数据处理、量与单位、参考文献的著录等进行进一步的加工处理。

编辑加工既是一种艺术，又是一种工艺。编辑工作的工艺性，在于将拟出版的文章尽快地修改并制作成读者能够接受的形式。从学术期刊的封面、版权块和目次页、正文版面的编排，插图、表格、公式、量和单位的编辑加工，到参考文献的著录格式，都要符合国家标准和规范的要求。在加工过程中付出辛苦劳动和智慧，是追求学术论文完美的过程，是内容与形式的完美统一。

9.1.3 编辑质量取决于编辑队伍的素质

编辑质量是学术期刊生存和发展的前提，而编辑质量又取决于编辑队伍的素质，编辑质量高低与编辑队伍的素质高低成正比。高素质的编委会、编辑和审稿专家是提高学术期刊质量的保证。网络环境下的学术期刊编辑，既要有广博的知识，又应该兼备某一领域的特长，才能走在时代的前列，策划出精品期刊；具备较高学术水平的编辑，才能及时把握学科发展动态和前沿，准确鉴别一篇文章在学科发展史上是否具有开拓性和创新性，精选出优秀文章，淘汰劣质文章，提升稿源质量。美国著名科技期刊《科学》对编辑的要求非常高，要求编辑应同时是学有所长的科学家，在这一点上大多数学术期刊编辑还相差甚远。高素质的编辑队伍能够较熟练地使用多媒体系统，实现编辑加工一体化，而且他们具备较强的管理能力、公关能力和经营能力，能迅速适应网络环境下学术期刊发展的客观要求。高素质的编辑队伍学历较高，必然具有较高的外语水平，并且还应熟练掌握一门外语，具有较高的语言表达水平，对内对外联系顺畅，有利于学术信息的国际交流。

9.1.4 编辑质量提升与编辑加工规范化

编辑加工规范化就是按照统一要求、统一格式、统一标准对文章进行编辑加工，这对提升学术期刊质量意义重大。第一，编排规范中要求著录编排的项目包括名称、标识、编排格式等，其形式既与文章内容具有相对独立性，又有很多与文章内容结构密切相联系的编排格式，形式与文章内容相互作用，可以说编排格式转化成了文章的一部分内容，使文章内容的表达更具有科学性。第二，编辑加工是对文章进行检查、修改、润饰和提高的工作过程，是在维护作者原意、不随意改变作者学术观点、保证文章完整性基础上进行的加工，是在审美基础上进行的复杂的、创造性的劳动，是提升学术期刊整体质量的一个重要环节。

编排标准化、规范化极大地促进了中国学术期刊在世界范围内的交流，使中国学术期刊刊载的论文进入国际重要科技情报检索系统的数量越来越多。随着高新技术的发展和应用，学术交流越来越频繁和重要，学术期刊编辑规范的制定与执行是有利于信息交流和知识传递的，实现了资源共享。实施学术期刊编排规范化，读者就可以及时、准确、高效地通过检索查找自己所需的科技信息。实现编辑加工规范化是中国学术界与国际体系接轨的前提，也是学术交流和信息传播、存储、检索的需要。

9.2 加强学术期刊编辑工作规范

9.2.1 学术论文题目统领全文

加工文章如同雕琢一件精美的艺术品，必须认真琢磨，细心斟酌。加工文章首先应分清层次，理清逻辑，使每级标题步步深入，环环紧扣，给予读者开路、引导的作用。

（1）学术论文题目准确精练

学术论文题目是能反映文章中特定内容的恰当、简明的词语的逻辑组合，是对文章中重要内容的高度概括，是文章的重要信息点和重要的组成部分。随着科技的发展和互联网技术在信息、传媒领域的广泛应用，各种知识呈几何级数激增。限于时间和精力，学术研究者一般只能借助学术期刊目次、索引或文献数据库检索系统，通过查阅学术论文题目进行有针对性的阅读。因此，学术论文题目必须用准确、精练的语言准确无误地表达文章的中心内容，同时学术论文题目所用的词语必须有助于为选定关键词和编制题录、索引等二次文献提供检索的特定实用信息。只有这样的学术论文题目，才能启迪读者的阅读兴趣，才能有利于学术研究成果的交流和传播，也才有利于学术期刊在科技和经济发展中实现其应有价值。

（2）学术论文题目审读的主要层面

学术论文题目由反映文章主题的内容要素和对文章主体准确表述的语言要素组成。纵观目前学术期刊论文题目中存在的问题，归纳起来主要表现在两个方面：一方面，论文题目的内容表述问题；另一方面，论文题目的语言表述问题。因此，要使学术期刊论文题目准确反映文章内容，为读者提供有价值的信息，编辑必须从学术论文题目的内容表达和语言表述两方面加以把关，堵住作者拟定的学术论文题目中的逻辑漏洞，使学术论文题目准确反映文章的特定内容，充分发挥学术论文题目的应有作用。

审读学术论文题目的内容表达。第一，审读题目是否明确。题目语句所表达的意思是否清楚明白和有确切内容，是学术论文题目审读的第一环节。如果题目内容不明确，就不可能向读者传递有效信息，更谈不上准确反映文章的内容。第二，审读题目的科学内涵是否准确。个别科研工作者在撰写学术论文时，重视正文的内容表述，忽视对论文题目的拟定，在拟定论文题目时不谨慎且具有随意性，从而使题目所揭示的概念模糊，内容偏离文章主题。因此，学术期刊编辑要在仔细审读文章正文的基础上，对题目进行仔细审读，以保证学术论文题目科学内涵的准确性。第三，审读题目是否简洁正确，学术论文题目应便于读者记忆和引用且要使题目的主要内容更集中、更突出，以扩大题目的信息量；使题目的内容表述与正文内容有关，合乎文章内容的要求。如果题目不简洁准确，背离论文的内容要求，就会向读者传递错误的信息，限制题目的检索功能，失去学术论文题目的应有作用。

审读学术论文题目的语言表述。第一，审读题目语序是否正确。语序正确就是要使题目语序具有汉语的固有模式。这是对论文题目在语言表述上的最基本要求。如果题目语序不正确，不仅会出现病句，而且会导致科学概念上的错误，直接影响读者阅读学术论文，更不利于学术论文进入检索系统。第二，审读题目结构是否合理。题目结构合理是指题目要符合汉语语法规范和修辞的要求。学术论文题目的语言结构有其自身的特点，一般不使用完整的句子而代之以词组和短语，习惯用偏正和并列结构。如果题目结构不合理，会使题目词语间关系模糊不清，或产生歧义，或令人费解。第三，审读题目用语是否科学、准确。学术论文题目用语是一种反映学科专业概念的形式和意义结合的语言符号，选用适当遵循"一词一意"的原则，不要滥用，以避免造成概念混乱。题目科学、规范，就是要使题目体现专业研究范围的学术用语和专业名称符合专业要求，准确反映所研究对象的科学特征；同时要尽量避免在题目中使用化学结构式、数理公式，以及不太为同行所熟悉的符号、简称、缩写商品名称等。

（3）提升学术论文题目的表达力

应实现学术论文题目吸引读者、反映论文主题和便于检索的主要功能，使学术期刊和学术论文在信息交流和传播、科学技术发展中发挥应有价值，学术期刊编辑在编辑加工过程中，应尽力提升学术论文题目的表达力，即提升内容表述和语言表述水平。

内容上要突出学术性。突出学术性是对学术论文题目的最根本要求。在对学术论文题目编辑加工过程中，应使题目充分表达文章所研究的范围和达到的深度，能体现文章的科学范畴和专业分类。对那些不能正确反映文章特定内容的题目，编辑在加工过程中必须把文章所阐明的新见解，包括新理论、新方法、新技术和新工艺等学术研究成果和信息在题目中表现出来，使文章的学术特征得以充分表现，从而实现题目反映文章主题、吸引读者的功能。对不同类型的学术论文题目进行编辑加工，应在突出题目学术性方面各有侧重：对理论研究方面的论文，题目应突出理论上的新突破、新观点；对应用研究方面的论文，应突出理论和方法在实践应用中所取得的新成果、新技术等。

语言表述应准确、精练。为使读者用最短的时间了解一篇学术论文的主要内容，学术期刊编辑在对题目编辑加工时一定要保证题目尽可能准确、精练，使学术论文题目准确无误地表达论文中心内容。对题目编辑加工应避免使用笼统、泛指性强的词语和华丽辞藻或不恰当的用语，不致影响到题目对文章主题的准确表达。学术论文题目的编辑加工如果不能做到准确、精炼，就会使题目产生诸如含义不清、混淆问题层次和笼统空泛等语言表述错误，使读者不知其所云。

用词科学规范、符合检索要求。学术论文题目具有为二次文献机构、数据库系统提供检索和收录的特有功能。因此，在对学术论文题目进行编辑加工时，应尽可能将不符合学术规范的用语从题目中删除，代之以能反映和体现学术研究专业特征的规范用语。同时，应使题目中尽可能包含反映文章特定内容的关键词，以提高文章的检索率、下载率和引用率。

风格上应体现严肃性、科学性。学术论文不同于文学作品，它以反映作者的学术研究成果为目的，反映的是科研工作者在社会科学和自然科学的理论研究中取得的创造性成果和见解，因而学术论文是具有严谨科学性的严肃文体。这就要求学术论文题目应与论文内容相适应，不能使用活泼用语。编辑在对学术论文题目进行编辑加工时，应牢记这一点。同时学术论文题目编辑加工应体现学科性，保证反映文章学科范围的用语具有学科性，使题目准确反映研究对象和学科范围，从而有利于充分发挥学术期刊的学术交流和信息传播作用。

9.2.2 提升学术论文摘要的独立性和自含性

（1）摘要的基本功能

摘要是内容不加注释和评论的简短陈述，即不阅读文章全文就能获得的必要信息。摘要内容具备研究工作的背景、目的、方法、主要内容和结论等方面，才能较好地实现摘要的独立性和自含性。新技术的发展及计算机在科技文献资料管理、信息传播方面的运用，使学术论文摘要的地位越来越重要。学术论文摘要编写质量的提高既可以减轻读者的阅读负担，提高阅读效率，也可以给文献检索和管理带来极大的方便，使学术期刊发挥更大的作用。

然而，部分学术论文摘要却没有发挥其应有的功能。学术期刊中的论文摘要不同程度地存在着缺研究目的、研究方法和研究结论等问题，有的摘要详略不当，结构松散；有的作者花费较多的笔墨写研究目的、任务和背景材料，把本来属于引言部分的内容写进摘要；个别摘要出现分段现象，这势必会使结构松散；有的摘要出现图表、冗长的数学公式和非公知公用的符号或缩略语；有的摘要一开头就写上背景或作知识性的介绍，这完全是多余的；有的把摘要写成文章的导语，这也是不恰当的。这些问题导致一些学术水平很高的文章不能被权威索引机构收录。其主要原因是一些作者对摘要的写法不太了解，或对摘要的重要性重视不够，不具有独立性和自含性。摘要应具有独立性和自含性，充分发挥其应有的功能。

（2）摘要的基本特点

第一，文体的独立性。摘要虽然置于文章标题和正文之间，在形式上与文章构成统一体，但它在内容上却具有独立性和自含性。其作用是便于审稿人或者读者在较短的时间内审视和了解该文章的中心思想、学术价值及是否有创新；同时也便于计算机处理和保证数据准确检索与统计。它要求对全文负责，但又自成一体，不与正文连成一贯。第二，句式的陈述性。摘要应对文章基本观点进行平铺直叙的述说，不能有感叹句和疑问句的句式，不应出现图表、冗长的数学公式和非公知公用的符号、缩略语。对文章的价值和学术水平不应有"什么重要作用""具有现实意义""较高的学术价值"等评价性语句。第三，表述的准确性。要求写"实"，即以客观、准确、精练的语句表达尽可能多的信息量，让读者真切地了解文章的重要内容，领会文章的内在价值。摘要应采取第三人称的表达方式，不应出现类似"笔者""本人"等词语。不可出现"抛砖引玉""赐教"等谦辞。第四，结构的严谨性。摘要应有较强的逻辑性、完整性和连贯性。好的摘要是一段内涵丰富且结构完整的短论文，便于读者引用。基于文体的特殊性，摘要可以不出现主语。第五，篇幅的简短性。摘要的篇幅在300字左右，这是其概括性和简洁性的要求。

9.2.3 提升关键词的关键作用

（1）关键词的基本功能

关键词是为了便于文献索引和检索而选择的能反映文章主题内容的词和词组。关键词是学术论文进入流通和引用的窗口，规范关键词选择有利于检索和引用。中国科协系统学术论文要求必须在摘要后列出3~8个关键词，由学术期刊编辑在作者配合下按GB/T3860的原则和方法参照各种词表和工具书选取，未被词表收录的新学科、新技术中的重要术语以及文章题目中的人名、地名也可作为关键词。

为了便于文献进入检索系统，让读者在短时间内掌握有关信息，选择关键词必须抓住文章的重点且尽量规范化。一些文章中的关键词词义过泛，缺少专指性，无法进行文献索引；一些关键词内容重复，组配不当；一些文章的关键词过少，不能很好地反映文章的主题内容。

（2）关键词的基本特点

第一个关键词可以列出文章的主要工作或内容。第二个关键词可以列出文章研究得到的成果名称或文内若干成果的总类别名称。第三个关键词可以列出文章在得到上述成果或结论时采用的科学研究方法的具体名称。对于综述性或评述性文章等，此位置可分别写"综述""评论"。第四个关键词可以列出在前三个关键词中没有出现的、但被该文作为主要研究对象的名称，或者在题目中出现的作者认为重要的名词。中、英文关键词应一一对应。中文关键词前应冠以"关键词："""［关键词］"，英文关键词前冠以"Key words："作为标识。

9.2.4 提高参考文献的准确性

（1）参考文献的基本功能

参考文献是为撰写或编辑论文而引用的图书资料、期刊报纸资料、学位论文、各种报告以及网上公布的电子文献。第一，参考文献是文章的重要组成部分。从根本上讲，参考文献是学术研究的起点和基础，学术期刊的学术水平在很大程度上取决于参考文献质量的高低。因此，参考文献著录质量对学术期刊的学术水平有直接影响。第二，文章著录参考文献，反映作者对他人劳动成果、知识产权的尊重，体现科学的严肃性和求实性，也可以向读者提供更多的有关信息。按规定著录参考文献是学术论文区别于其他论文的一个突出特点。因此，无论是作者还是编辑，均应严谨规范地著录参考文献。

（2）参考文献的基本特点

学术论文中的引文问题比较复杂，引文不当或出现著录错误会严重影响学术期刊质量。目前，部分学术期刊著录参考文献情况不是很理想。第一，有个别学术论文没有参考文献或略去参考文献。不著录参考文献多是作者的问题，而省略参考文献则是编辑的失误。第二，参考文献著录不全。按规定，著者不超过3人时，全部著录；超过3人时，只著录前3人，其后加"等"字。而一些文章参考文献的著者在写出1~2人时就加"等"字。一些文章参考文献中的书名、篇名、期刊名、年卷期、页码、出版地、出版者、出版年等未详细标注清楚，不利于研究者通过参考文献进行检索。第三，参考文献中列出的应限于作者直接阅读过的、最主要的、发表在正规出版物上的文献。而一些文章引用的参考文献是非正规出版物。第四，有的作者引用文摘类的二次文献或从所查阅文献中照抄照搬，给读者或引文分析带来麻烦。在著录参考文献过程中，经常出现上述问题，这表明部分作者和编辑对参考文献著录意义及标准化要求还缺少了解和学习。

（3）核查参考文献

引文行为的规范性和参考文献著录的准确性是影响引文指标科学性的重要因素。目前，仍有部分学术期刊参考文献著录不准确。这种不准确主要表现为文献名称不准确和期刊的卷和期不准确，特别是期刊年、卷、期、页码这些数字的错误率比较高。不准确的数据著录如果发展到了一定的数量，就会使引文统计结果失真，失去引文指标的科学性，从而大大降低引文分析的准确性。

核查参考文献的各项内容，提高引用的准确性。第一，核查作者是否齐全，是否标准，是否与正文陈述完全一致。第二，核查引用内容是否合适，删除或修改并未领会作者观点而胡乱引用的文献，核查文内未引用相关文献的内容；删除作者用所引用文献来证明的观点居然与原作者观点相反的文献。第三，核查论著和论文集的出版地、出版社和出版时间，核查期刊文献的期刊名、年、卷、期、页码。第四，核查外文文献的作者姓氏拼写、文献题目、期刊名、出版地、出版社、出版日期等。

9.2.5 编辑加工延伸至校对环节

一些学术期刊编校分离，往往出现责任断层现象，责任编辑缺乏文章全程负责意识，在校对过程中机械校正误，对文章中存在的文字或知识性、科学性漏洞不能在出版前修正，导致学术期刊编校质量差，而出现此类问题时，部分编辑、校对互相推诿，无人负责。因此，将编辑加工延伸至校对环节，是提高编校质量的重要措施。

（1）编校合一

优化编校组合可以有多种方式，学术期刊应根据自身特点及条件实行编校组合。一方面，实行编校合一，文章责任明确，责任落实到人，责任编辑对文章切实负责，增强了责任编辑的责任感；另一方面，学术期刊学科性强，编校合一，在校对过程中对编辑加工时尚未发现的问题进行解决，并进一步使文章内容与形式完美结合。这既从学术知识上确保了校对质量，也能最大程度提升文章的编辑加工质量。这对编辑素质提出了更高的要求，编辑不仅要审好稿、编好稿，而且还要成为校对的行家里手。

"编校合一"的工作模式下，交叉校对的主要内容如下：文章内容是否准确无误；各级标题的序号、公式的编号、图表的序号和参考文献的序号等是否连续编码；书眉、目次、正文处的题目和作者姓名等是否一致；出版年卷期和文章编号等期刊的各种参数是否无误；图表的排法、参考文献的体例、量与单位的运用等是否符合规范要求。

（2）校后互查

学术期刊社由于编制、经费等因素所限，编辑一般要分编几个相关或相近学科的稿件，难以准确把握每一篇文章的科学价值，审稿难免产生知识性漏洞，编校一体又往往难以发现个人知识上的盲点；而且采取一人通校时，因对同一篇文章多次重复校对，校对人员容易产生疲劳感，导致校对工作质量下降。因此，坚持校后互校互查制度，值班编辑、编辑室主任、主编或副主编层层审读制度，利用各自优势，在一定程度上可弥补编辑疏漏，将差错消灭在出版之前。

校后互查的重点是确保责任编辑自校中校出的差错经过重新排版达到较好的效果。第一，对文章题目、标题、作者简介、基金项目、摘要、关键词和参考文献等进行核对。第二，对正文部分进行通读，这在很大程度上可以避免校对盲点的出现。第三，责任编辑对已完成交叉校对的文章进行整理，对于意见不一致的地方，可以通过查阅相关资料或进一步讨论加以解决。

（3）主编审读

主编审读是最后完善阶段，涉及全刊的系统性校对整理，是对刊物整体排版体例、规范化和统一性进行把关。主编要从整体上对期刊进行全面细致的检查，重点检查栏目设计及编排是否合理，各篇文章的版式是否一致、中英文目次、封面、封底以及各篇文章是否存在问题等。

9.3 加强学术期刊人才队伍建设

强化学术期刊人才队伍建设。从编辑角度来看，新时代要加快培养学术期刊编辑队伍的数字化思维和模式，提升编辑的图像处理、信息甄别、媒体操作等数字化素养，培养新时代的数字化编辑团队。应提高编辑运用最新数字技术的能力，提升编辑统筹策划以及开发、整合新媒体资源的能力。加快推进学术期刊实现纸媒介与新媒介的深度入融合，通过微信、微博、抖音等多种数字化平台进行推送和传播学术资源。此外，学术期刊编辑团队还要充分利用最新数字技术和学术期刊网络出版平台，为读者、作者提供全方位、精细化的学术服务，不断优化学术期刊传播途径和传播方式。

学术期刊高质量发展需要高水平人才队伍。《出版业"十四五"时期发展规划》提出："加强创新型、应用型、复合型人才培养，重点打造出版理论人才、优秀骨干编辑、优秀校对人才、数字出版人才、印刷发行业务能手、版权运营专家、出版国际贸易人才等，建设新时代出版人才矩阵。"新时代数字出版人才队伍建设要遵循习近平总书记关于人才事业和人才工作的重要指示精神，实现从重规模、重素质、重数量向重质量、重能力、重贡献转变，进一步完善人才培养体系和人才管理机制，构建适应学术期刊发展需求的数字出版人才体系，为推进学术期刊高质量发展筑牢基石。

学术期刊人才队伍主要包括主编、编委会成员和编辑部成员三个方面。编辑队伍的整体素质决定着学术期刊的质量，加强编辑队伍建设对学术期刊的生存与发展意义重大。第一，主编是学术期刊的领军人物，决定了学术期刊的办刊方向，肩负着编辑出版和经营管理的重任。第二，编委会负责组稿和审稿，培养、壮大编审和作者队伍，进而保证学术期刊的学术水平。目前，虽然学术期刊的编委会成员一般由国内外知名专家组成，但个别专家是挂名编委，并未发挥其应有的职能与作用。应加强专家型编委会建设。坚持开放办刊原则，在国内外遴选组建精干的专家型编委会。一方面，通过分工合作和专题组稿方式组建高层次、高水平的专家学者群；另一方面，注重对青年作者的挖掘和培养，形成优质稿源吸引机制，进而保证学术期刊持续、健康、稳定发展。学术期刊可以让编委会成员承担更多的有利于期刊发展的工作，如由他们指导期刊选题策划和审稿工作，公正客观地为学术期刊遴选高水平研究成果，助力编辑部把好论文内容质量关。学术期刊还应定期召开编委会与编辑部面对面座谈会，通过设立优秀编委奖、优秀审稿专家奖等方式激励编委会成员积极参与期刊建设工作。第三，编辑部成员负责选题策划、组稿、审稿、编辑加工和出版发行等诸多环节，优秀的编辑部成员是办好学术期刊的重要保障。随着科学技术的繁荣发展，新知识、新学科不断涌现，各个学科之间的分工越来越细，不同学科之间相互交叉、渗透，新兴学科、交叉学科和边缘学科日益增多。因此，编辑要不断学习新知识，优化自己的知识结构，了解国内外各学科发展的最新动态，努力提升自身的学术水平。

9.3.1　提升编辑的学术水平

坚持不懈地提高编辑专业知识水平。学术期刊编辑所处理的文章都是专业性、学术性很强的论文。编辑要想在众多稿件中鉴别出文章的质量优劣，就需要具备深厚的专业知识，努力实现编辑学者化。虽然各学术期刊都选用了一批具有较高专业知识水平的硕士或博士毕业生从事学术期刊编辑工作，但学术期刊编辑必须及时更新专业知识。为此，可以将编辑送出去进修或培训，深入系统地学习专业知识；也可以聘请院系学术水平高的教师当顾问，指导学习，解决疑难问题。

建立跨媒介、跨国界交流学习机制。进一步建立学术期刊编辑赴网络新闻、移动客户端等新媒体部门的定期交流机制，切实提高编辑的综合业务素质，尤其是提高其运用新兴媒介的能力；建立编辑人员赴海外机构的定期交流学习机制，提高编辑的业务素质。邀请国内外知名编辑做经验讲座，开展业务交流，介绍国内外媒体融合的先进经验与发展趋势。建立媒介融合发展人才交流与共享机制，加强编辑交流与培训。邀请国内外知名专家学者举办讲座，帮助编辑从业人员认识到推动媒介融合发展的重要性、紧迫性，强化互联网思维，树立一体化发展观念，自觉参与谋划和推进媒介融合发展实践。

努力拓宽编辑的知识面。科学技术的迅猛发展，带动了学科知识的分化和综合，交叉学科、边缘学科的出现要求编辑在具有本专业、本学科知识的同时，必须具备不同领域的跨学科的知识结构。为此，编辑应积极主动学习相关学科，拓宽知识面，提高相关学科专业素养，加快学科知识更新速度，及时了解学科发展动态，培养敏锐的洞察力，捕捉最新的热点问题。编辑应准确把握文章与刊物选题的吻合性，提高对文章的鉴审和评价能力，确保入选文章观点和方法的新颖性、学术水平高，从而提高编辑对文章的学术鉴赏力。

9.3.2　提升编辑的编校能力

熟练掌握编辑业务技能。编辑出版工作有成熟的基本理论体系和基本知识技能要求，编辑只有掌握扎实的编辑专业知识，才能编辑出内容丰富、学术水平高、编排规范的学术期刊。编辑熟练掌握编辑技能是编辑工作的基础，是编校质量的保证。因此，编辑应全面了解编校过程，熟悉、掌握编校业务和技巧，认真掌握编校工作方法。

加强编辑专业知识的学习和培训。通过主编培训、编辑进修等方式加强编辑队伍专业知识的学习和培训，使主编和编辑都熟悉编辑规范，提高组稿、审稿、编辑及校对的能力及出版政策法规意识。应有建立广泛联系、获取信息、利用信息的能力，通过专业学习，提高编辑专业素养。尽量为编辑创造各种学习、进修机会，安排参与专业学术活动和编辑学术活动，支持编辑从事与学术期刊相关的各种研究，提高学术期刊编辑人员编辑技能。通过学习他刊（包括国外学术期刊）的办刊经验，培养一批学术水平高、职业道德高尚、既懂专业又有较高英文水平，并且热爱编辑工作的人才。

在业务素质和思想道德素质等方面全面展开编辑培训，注重编辑的个性培养，允许编辑自主选择自身具有比较优势的领域进行重点学习。学术期刊培养成熟的编辑至少需要5年时间，但成熟的编辑不能直接迁移到新媒体工作中。因此，应通过培训、合作和交流等方式，培养一批既有较强业务能力，又掌握新媒体知识技能的专业技术人才。同时，进一步改革编辑工作绩效评价体系，建立科学合理的人才管理体系，完善薪酬机制，建立健全绩效考核体系，探索融合发展条件下吸引人才、留住人才、用好人才的有效途径。引进和培养复合型出版人才是数字出版发展的关键。传统出版单位既懂信息技术、又懂出版业务的复合型人才很少，而掌握互联网和信息技术、熟悉出版业务、具备经营管理经验的数字出版领军人物更少。罗小卫（2012）指出，复合型人才并不是在所有方面全能，一手包办整个数字出版环节，而是能够融会贯通出版、技术和渠道，能够协调数字出版进程中所出现问题的复合型领军人才。复合型人才不是高校编辑出版学专业教育可以培养出来的，需要投入人力、物力、财力加以改进完善后期岗位培训的内容和方式，培养一支融合编辑、出版、技术、经营和管理的人才队伍，而不是依靠编辑个体的全能素质。

9.3.3 提升编辑的数字出版能力

计算机技术和网络技术为科技创新注入了无限的生机和活力。计算机网络技术在学术期刊编辑出版工作中得到了广泛应用，为学术期刊编辑掌握相关领域的研究进展提供了获得信息的渠道和手段，使越来越多的学术期刊编辑工作走向现代化，使学术期刊编辑从繁琐、低效的传统工作方式转型到信息化、高效的现代工作方式，大大提高了学术期刊编辑部的工作效率。因此，编辑应加强信息技术的学习和培训，提高通过计算机网络获得信息的能力，检索科技成果、校对引文、了解与学术论文相关的学术动态，提高准确判断来稿质量的能力。适应科技期刊出版和科技发展的需要，利用现代办公手段提高编辑工作效率。

提高编辑搜集和利用网上信息的能力。在国际期刊市场的激烈竞争中，学术期刊的生存和发展在很大程度上取决于对市场信息的了解，特别是对国际市场信息的了解，与国外市场进行交流，向国际期刊市场拓展，因此，学术期刊编辑应及时快速地掌握国际学术动态，从互联网上检索所需文献资料，确保编辑策划的选题具有国际先进性。此外，要积极网罗国内作者信息及研究动态，建立作者数据库，稳定老作者，培育新作者，激发他们关注学术期刊发展的热情，鼓励他们为学术期刊提供高质量学术论文。

提高编辑网上稿件处理能力。随着计算机网络技术的广泛应用，学术期刊编辑部普遍接收电子版稿件，大多数学术期刊编辑部已经自建或者购买稿件采编系统。编辑部既可以通过稿件采编系统快速、准确地分类稿件，也可以详细介绍学术期刊的特色栏目、征稿要求、已刊发文章，作者还可以通过采编系统查询稿件进展情况。编辑可以在网上审稿、编辑加工、校对稿件，并就稿件中存在的问题在网上与作者快速沟通，实现文章的投稿、收稿、审稿、编辑、校对、排版网络一体化，提高编辑部的工作效率。编辑部可以借助互联网的优势大大提高学术交流水平，拉近编辑与作者、读者的距离，活跃学术期刊的气氛。在互联网迅速发展的背景下，学术期刊可以直接参与国际学术交流和竞争，不仅扩大了在国内外的传播时效和范围，也提升了学术声誉和国际影响力。

9.3.4 提升编辑的职业道德水平

（1）提升编辑职业道德的内在动力和利益动因

编辑职业道德社会他律性首先是一种外在的客观社会要求，但要使这种社会要求真正发挥效用，必须通过编辑主体来实现，即编辑主观的道德自觉意识。如果能把编辑职业道德的社会他律转化为职业道德的责任自律，那么存在于社会他律性中那种似乎压抑人、束缚人的力量就会转变为积极向上的价值导向目标，形成驱使编辑自觉提高职业道德素质的内在动力。编辑职业道德从社会他律转化为责任自律的程度和进展，取决于利益动因的性质及程度。这里所说的利益动因包括对所从事职业的满意程度、个人价值目标、希望获得多少报酬等。因此，加强编辑职业道德教育，必须关注这些利益动因，有的放矢地采取相应的教育措施，促使编辑职业道德由社会他律阶段尽快转入责任自律阶段。抓社会他律教育，从外部对职业道德起到约束和导向作用；抓责任自律教育，从内心催化编辑职业道德的形成。二者同时开展，相辅相成。把职业道德认识转化为职业道德习惯，使外在的规范要求变成编辑的内心需要，从而自觉地做好本职工作，提高编辑水平，提高学术期刊质量。

培养良好的政治思想素质和高尚的敬业精神。中国的学术期刊出版事业是社会主义事业的重要组成部分，这就要求学术期刊编辑必须加强政治理论学习，坚持无产阶级的党性原则，树立牢固的阵地意识，具备必要的马克思主义理论水平，树立正确的世界观、人生观和价值观，坚持"二为"方向，贯彻"双百"方针，严格执行国家的法律、法规和政策。学术期刊编辑的职业道德要求，概括起来主要包括不为名、不为利，全心全意为人民服务；对党、对人民负责；严格把关、坚持社会效益第一的最高准则；遵守纪律，严守机密；坚持真理，尊重事实，选取文章客观公正。在编辑部工作的各位成员具有相同或相近的工作经历、知识结构和心理状态。在编辑群体里，彼此之间易于相互尊重、相互督促、相互效仿。领导者要注意把握心理特征，发挥榜样的力量，恰当地树立典型人物，注意发现、支持、鼓励、表彰本部门自觉坚持职业道德的人和事，使这部分人感受到奉献的价值，达到心理平衡，也使其他编辑受到启发和鼓励。

（2）在编辑工作实践中提升职业道德水平

虽然编辑职业道德不属于期刊编辑工作的组成部分，但它却贯穿于期刊编辑活动的始终，影响着每个环节的落实，关系到学术期刊质量。思考编辑职业道德教育对策，提升编辑职业道德素质，是提高学术期刊质量的一条有效途径。

选稿时公正客观。编辑的选题策划、组稿、审稿、编辑加工和排版的过程，实际上是一个不断选择的行为过程。在学术期刊的整个编辑出版流程中，每一个选择都是对编辑道德修养和职业操守的一次检验。良好的编辑职业道德是做好学术期刊编辑工作的前提，从某种意义上说，编辑职业道德决定了学术期刊的质量和发展。在文章的选用上应公正客观。编辑在工作中应坚持原则，无论作者是谁，都以"质量"为标准，特别是在关系稿和人情稿的处理上，要有不唯权、不唯上的态度和求实存真的精神，只有这样才能确保学术期刊的学术质量。

审稿时认真负责。审稿人的品行、品德的高低，直接影响文章的质量，以及作者、编者与读者之间的关系。第一，审稿人必须对文章、作者、学术期刊和读者认真负责。这是对审稿人道德素质的一个最基本要求。尊重作者的劳动，不辜负编辑部的信任，对于待审的文章及时审回。第二，知之为知之，不知为不知。对于文章中的内容属于跨学科或边缘学科范围的，如果了解不多，应以实事求是的态度说明情况，并提交第二推荐人审阅。第三，审稿严谨，不草率了事。对于编辑部交审的文章，不能因工作忙、事情多和审稿费少而草草翻阅了事。

编稿时甘于奉献。编辑出版工作是一项需要奉献精神的事业，稿件加工凝聚着编辑的心血，但成果是作者的，编辑始终是在幕后。这就要求编辑要有甘于奉献、忠于职守的编辑精神。交流时平等待人。编辑与作者、审稿人之间的有效交流是提高文章学术水平和编校质量的重要途径。编辑必须具备与作者、审稿人之间有效交流的能力，这主要体现在编辑能够理解作者和审稿人的思想，能够在相关问题上提出自己的观点。在交流过程中，编辑应与作者保持一种平等的态度，不可居高临下。

参考文献

[1]   艾岚. 学术期刊数字出版产业发展与盈利模式研究 [J]. 河北经贸大学学报, 2012 (5): 80-83.

[2]   阿尔巴朗. 电子媒介经营管理 [M]. 谢新洲, 等译, 北京: 北京大学出版社, 2005: 209-225.

[3]   普林格尔, 斯塔尔, 麦克加维特. 电子媒介经营与管理 [M]. 潘紫径, 等译, 北京: 北京广播学院出版社, 2004: 266-302.

[4]   毕书清. 新时期的媒体融合与数字传播 [M]. 南京: 江苏凤凰科学技术出版社, 2015.

[5]   蔡雯, 王学文. 角度·视野·轨迹——试析有关"媒介融合"的研究 [J]. 国际新闻界, 2009 (11): 89-90.

[6]   曾莉, 黄晓兰, 吴惠勤, 等. 提高广东省学术类科技期刊质量的研究 [J]. 中山大学学报论丛, 2006 (1): 174-176.

[7]   曾绚琦. 我国学术期刊的数字化转型及体制创新——"中国高校系列专业期刊"的创办启示 [J]. 科技与出版, 2013 (11): 30-32.

[8]   陈钢, 周海鹰, 徐锦杭, 等. 医学学术期刊同行评议的质量控制 [J]. 科技通报, 2018 (3): 275-277.

[9]   陈力丹, 付玉辉. 论电信业和传媒业的产业融合 [J]. 现代传播, 2006 (3).

[10] 崔保国. 技术创新与媒介变革 [J]. 当代传播, 1999 (6): 23-25.

[11] 戴世富, 韩晓丹. 融合与竞争: 数字化学术资源与传统学术期刊的竞合关

系［J］. 出版发行研究，2015（2）：55-58.

[12] 戴元初. 大融合时代的传媒规制变革［M］. 北京：人民日报出版社，2014.

[13] 诺思. 制度、制度变迁与经济绩效［M］. 杭行，译. 上海：格致出版社，上海三联书店，上海人民出版社，2008.

[14] 邓军文. 学术期刊质量控制的制度建设——谈"三审制"与"审读"［J］. 广东技术师范学院学报，2006（3）：156-158.

[15] 丁柏铨. 媒介融合：概念、动因及利弊［J］. 南京社会科学，2011（11）：92-99.

[16] 董毅敏，秦洁雯. 新中国期刊出版业70年历程、成就与经验［J］. 出版发行研究，2019（11）：5-10.

[17] 范爱红，梅洁，肖宏，等. 中国英文学术期刊影响力评价及发展对策研究［J］. 科技与出版，2017（6）：86-91.

[18] 范金，郑庆武，梅娟. 应用产业经济学［M］. 北京：经济管理出版社，2004.

[19] 方厚枢. "文革"十年的期刊［J］. 编辑学刊，1998（3）：4-7.

[20] 付一静，金春平. 简论学术期刊的全生命周期编校质量保证体系［J］. 中国编辑，2016（4）：14-17.

[21] 付一静. 有效提高学术期刊编校质量的若干思考［J］. 山西教育学院学报，2000（3）：30-31；74.

[22] 高钢，陈绚. 关于媒体融合的几点思考［J］. 国际新闻界，2006（9）：51-56.

[23] 高宏，张晓冬，张琳琳，等. 从源头提高科技期刊的学术质量［J］. 中国科技期刊研究，2010（2）：142-144.

[24] 关梅. 媒介融合的现状及其应对［J］. 新闻爱好者，2008（3）：15-16.

[25] 郭娜娜，李宗. 创办高质量的军队院校学术期刊应突出学风建设［J］. 编辑学报，2016（2）：159-161.

[26] 郭晓亮，郭雨梅，吉海涛. 媒体融合背景下优化学术期刊政策环境的路径选择［J］. 出版发行研究，2014（11）：51-54.

[27] 韩克勇. 提高学术期刊内在质量的探讨［J］. 兰州商学院学报，2001，17（2）：125-127.

[28] 郝振省. 2009—2010中国出版业发展报告［M］. 北京：中国书籍出版社，2010.

[29] 詹金斯. 融合文化：新媒体和旧媒体的冲突地带［M］. 杜永明，译. 北京：商务印书馆，2012.

[30] 黄仲一. 学术期刊分类标引的质量控制 [J]. 华侨大学学报（人文社科版），2001（4）：122-126.

[31] 吉海涛，郭雨梅，郭晓亮，等. 媒体融合背景下学术期刊发展新模式 [J]. 中国科技期刊研究，2015（1）：60-64.

[32] 江波，朱政敏. 融媒体背景下学术期刊评价的变革与进路 [J]. 中国编辑，2022（2）：11-16.

[33] 姜春林，刘则渊，梁永霞. H指数和G指数——期刊学术影响力评价的新指标 [J]. 图书情报工作，2006（12）：63-65；104.

[34] 姜联合，姜丹. 科技期刊动态评价指标——趋势指数 [J]. 编辑学报，2001（2）：81-83.

[35] 姜联合. 科技期刊学术质量动态评价指标分析 [J]. 中国科技期刊研究，2001（6）：437-439.

[36] 尼曼. 大媒体潮 [M]. 苏采禾，译. 台北：时代文化出版企业公司，1996.

[37] 延森. 网络传播、大众传播和人际传播的三重维度 [M]. 刘君，译.上海：复旦大学出版社，2012.

[38] 蓝华，杨钰红，黄海宁. 科技学术期刊3维度过程质量控制分析 [J]. 编辑学报，2011（5）：382-383.

[39] 蓝华，于渤. 基于稿件质量的学术类科技期刊质量控制方法研究 [J]. 中国科技期刊研究，2009（4）：617-620.

[40] 李斌. 严肃审稿是提高期刊学术质量的永恒主题 [J]. 编辑学报，2001（S1）：27-28.

[41] 李继东. 复合规制：媒介融合时代的规制模式探微 [J]. 国际新闻界，2013，35（7）：8.

[42] 李娜. 加强职业道德教育 提高学术期刊质量 [J]. 辽宁警专学报，2002（4）：71-72.

[43] 李婷. 论高校学术期刊质量提升计划建设的思路 [J]. 新闻研究导刊，2020（21）：213-214.

[44] 李媛，杨敏，汪信砚. "以文评刊"机制构建与学术期刊高质量发展 [J]. 出版广角，2021（19）：13-18.

[45] 李滋兰，丁慎训. 中国学术期刊（光盘版）数据的质量控制 [J]. 现代图书情报技术，2000（2）：40-41.

[46] 林春艳，莫琳. 自然科学学术期刊质量指标体系的属性数学综合评价模型 [J]. 数学的实践与认识，2004（5）：1-7.

[47] 刘丹沁. 学术期刊的审稿与质量控制 [J]. 内蒙古师范大学学报（哲学社

会科学版），2003（5）：104-106.

[48] 刘婧一. 媒介融合的动力分析［J］. 东南传播，2007（8）：84-86.

[49] 刘毅. 媒介融合的传媒经济学理论阐释［J］. 现代视听，2008（8）：26-29.

[50] 刘颖悟，汪丽. 媒介融合的概念界定与内涵解析［J］. 传媒，2012（1）：73-75.

[51] 刘仲翔. 高质量发展与学术期刊转型：2018年国内社科学术期刊动态盘点［J］. 科技与出版，2019（3）：33-39.

[52] 卢现祥. 西方新制度经济学［M］. 北京：中国发展出版社，2003.

[53] 鲁斌. 刍议如何提高高校学术期刊的办刊质量［J］. 出版科学，2007（5）：26-28.

[54] 罗重谱，莫远明. 新时代学术期刊高质量发展的内涵与路径［J］. 出版广角，2021（6）：53-56.

[55] 菲德勒. 媒介形态变化——认识新媒介［M］. 明安香，译.北京：华夏出版社，2000.

[56] 罗小卫. 牢牢掌控优质核心内容资源：论数字出版与传统书业之博弈［J］. 出版广角，2012（9）：24-26.

[57] 罗臻，刘莉. 基于影响因子与h系列指数的期刊学术水平综合评价指标研究［J］. 情报杂志，2010（3）：79-82.

[58] 马金玉，朱宝林. 塑造高质量的高校学术期刊的思考［J］. 常州信息职业技术学院学报，2012（3）：41-43.

[59] 马伊颀. 铸就学术津梁 锻造精品名刊——论新时代学术期刊高质量发展［J］. 中国编辑，2022（2）：51-55.

[60] 孟建，赵元珂. 媒介融合：粘聚并造就新型的媒介化社会［J］. 国际新闻界，2006（7）：24-27.

[61] 莫明远. 国家数字出版基地的政策演进与发展态势分析［J］. 出版广角，2012（8）：28-31.

[62] 缪宏才. "传统出版"与"数字出版"辨析——传统出版不宜做平台梦［J］. 出版广角，2011（11）：22-24.

[63] 彭兰. 中国网络媒体第一个十年［M］. 北京：清华大学出版社，2005.

[64] 彭桃英，许宇鹏. 期刊学术论文英文摘要质量控制探讨［J］. 农业图书情报学刊，2011（2）：178-181.

[65] 齐婷婷. 学术期刊审稿质量评价的指标体系［J］. 辽宁广播电视大学学报，2010（1）：54-55.

[66] 施蒂格勒. 产业组织［M］. 王永钦，译.上海：上海三联书店，上海人民

出版社，2006.

[67] 秦艳华，于翠玲. 媒介融合背景下出版业发展创新研究［M］. 北京：华文出版社，2015.

[68] 冉强辉. 我国体育学术期刊质量控制指标体系的构建［J］. 编辑学报，2008（2）：183-185.

[69] 任全娥. 数字化学术期刊的产业链分析与共赢模式构想——由"独家授权协议"引起的思考［J］. 情报资料工作，2012（3）：60-64.

[70] 石瑛，陈光宇. 学术类科技期刊的评价指标体系［J］. 学报编辑论丛，2002（10）：73-76.

[71] 史格非，于笑天，黎世莹，等. 控制撰稿源头，提高编校质量［J］. 编辑学报，2018（S1）：54-56.

[72] 史庆华. 高校社科类学术期刊的全面质量控制［J］. 辽宁工程技术大学学报（社会科学版），2000（3）：91-94.

[73] 宋昭勋. 新闻传播学中 Convergence 一词溯源及内涵［J］. 现代传播（中国传媒大学学报），2006（1）：51-53.

[74] 苏学. 期刊论文学术水平定量评价指标体系的初步设计［J］. 情报探索，2005（1）：7-9.

[75] 孙艳. "编校合一"模式下的高校学报校对质量［J］. 大连海事大学学报（社会科学版），2013（6）：127-129.

[76] 孙艳. 出版深度融合背景下学术期刊的高质量发展问题［J］. 中国编辑，2023（10）：70-73.

[77] 孙艳. 网络环境下中国学术期刊面临的挑战与机遇［J］. 大连海事大学学报（社会科学版），2012（6）：123-125.

[78] 孙艳. 学术期刊数字化转型的融合问题与对策［J］. 大连海事大学学报（社会科学版），2016（6）：120-124.

[79] 谭晓萍. 社科学术期刊高质量发展中的中国特色构建［J］. 科技与出版，2022（3）：148-154.

[80] 陶喜红. 论媒介融合在中国的发展趋势［J］. 中国广告，2007（6）：160-162.

[81] 田林. 从我国学术期刊评价体系看提高社科学术期刊质量的途径［J］. 出版发行研究，2011（12）：62-64.

[82] 鲍德温，麦克沃依，斯坦菲尔德. 大汇流：整合媒介、信息与传播［M］. 龙耘，等译，北京：华夏出版社，2000.

[83] 汪宏晨，柳建乔. 提高科技期刊学术质量的方法研究［J］. 湖北民族学院学报（自然科学版），2005（1）：99-101.

[84] 汪美林，巴恩旭. 关于提高科技期刊学术质量的探索与实践［J］. 中国科技期刊研究，2001（1）：125-127.

[85] 王飚，毛文思. 出版强国建设背景下数字出版高质量发展前瞻——"十四五"时期数字出版发展重点解析［J］. 中国出版，2022（15）：16-23.

[86] 王菲. 媒介大融合：数字新媒体时代下的媒介融合论［M］. 广州：南方日报出版社，2007.

[87] 王海明. 科技期刊学术质量评价指标的优化模式［J］. 青海科技，2007（1）：72-75.

[88] 王金玲，张燕蕾. 学术期刊影响力评价指标探析［J］. 图书馆杂志，2011（4）：16-18.

[89] 王磊，赵文义，孙守增，等. 基于我国学术期刊属性的学术期刊质量评价体系研究［J］. 科技与出版，2012（3）：78-81.

[90] 王勤. 数字科普观点的转变［J］. 科普研究，2011（4）：32-38.

[91] 王松茂. 产业融合对我国出版业规制的挑战与对策［J］. 出版科学，2007（4）：41-43；47.

[92] 王小同. 堵塞国家自然科学基金管理漏洞 提高科技学术期刊质量［J］. 编辑学报，2009（2）：95-96.

[93] 施拉姆，波特. 传播学概论［M］. 何道宽，译.北京：中国人民大学出版社，2010.

[94] 席志武，刘银银. 新闻传播类学术期刊微信公众号的现状、问题及优化路径［J］. 中国编辑，2019（5）：72-76.

[95] 夏业良. 新制度经济学：分析真实世界的有效途径［N］. 21世纪经济报道，2006-10-23.

[96] 肖燕雄. 论应对媒介融合的法制管理原则［J］. 新闻界，2006（6）：78-79.

[97] 肖叶飞. 媒介融合：实践、政策与规制［M］. 北京：科学出版社，2021.

[98] 肖赞军. 媒介融合背景下中国传媒经营体制改革研究［J］. 湖南商学院学报，2008（6）：94-99.

[99] 肖赞军. 媒介融合时代传媒规制的国际趋势及其启示［J］. 新闻与传播研究，2009，16（5）：12.

[100] 谢暄，蒋晓，何雨莲，等. "融"时代下学术期刊媒体融合发展策略［J］. 编辑学报，2017（3）：218-221.

[101] 熊澄宇. 整合传媒：新媒体进行时［J］. 国际新闻界，2006（7）：7-11.

[102] 徐丽芳，方卿. 基于出版流程的开放存取期刊学术质量控制［J］. 出版科学，2011（6）：78-81.

[103] 徐沁. 泛媒体时代的生存法则——论媒介融合 [D]. 杭州：浙江大学博士学位论文，2008.

[104] 许升阳，赵瑞. 学术期刊闭环质量控制与提升 [J]. 中国科技期刊研究，2015 (9)：941-945.

[105] 许颖. 互动·整合·大融合——媒体融合的三个层次 [J]. 国际新闻界，2006 (7)：32-33.

[106] 许志晖. 媒体融合的经济学分析——探寻媒体融合的动因、路径及其效应 [D]. 北京：北京师范大学博士学位论文，2011.

[107] 褵胜修. 科技学术期刊附加信息对提高来稿质量的作用 [J]. 编辑学报，2007 (5)：342-344.

[108] 杨成. 三网融合下的边界消融 [M]. 北京：北京邮电大学出版社，2011.

[109] 杨春. 学术期刊选题策划与期刊质量提升 [J]. 山西师大学报 (社会科学版)，2018 (6)：108-111.

[110] 杨路索. 媒介融合时代我国传媒行业政府规制的探讨 [J]. 编辑之友，2011 (8)：3.

[111] 杨有为. 提高学术期刊编辑的选文和加工质量 [J]. 中国体育科技，2000 (5).

[112] 杨正凯. 大数据时代学术期刊质量控制与提升方法研究 [J]. 传播与版权，2019 (11)：23-27.

[113] 姚杰，林鉴非. 提高我国农业学术类期刊质量的若干思考 [J]. 中国科技期刊研究，2007 (2)：268-270.

[114] 姚永春，戚馨. 数字学术期刊质量控制的 PDCA 循环 [J]. 出版科学，2011 (6)：9-14.

[115] 叶继元. 学术期刊的评价与学术研究质量的提高 [J]. 浙江社会科学，2007 (4)：35-36.

[116] 叶继元. 学术期刊质量评价具有多元性与复杂性 [J]. 清华大学学报 (哲学社会科学版)，2015 (2)：182-186；191.

[117] 俞立平，武夷山. 学术期刊客观赋权评价新方法——指标难度赋权法 [J]. 现代图书情报技术，2011 (4)：64-70.

[118] 张海生，蔡宗模，吴朝平. 学术期刊媒体融合发展：历程、问题与展望 [J]. 中国编辑，2018 (1)：76-82.

[119] 张慧玲，董坤，许海云. 学术期刊影响力评价方法研究进展 [J]. 图书情报工作，2018 (16)：132-143.

[120] 张积玉. 学术期刊影响力及其评价指标体系的构建 [J]. 陕西师范大学学报 (哲学社会科学版)，2010 (5)：70-76.

［121］ 张九庆. 科技学术期刊的质量控制［J］. 编辑学报，2005（6）：407-409.

［122］ 张俊敏. 医学学术期刊质量的源头控制——以首都医科大学学报为例［J］.
中国科技期刊研究，2010（4）：521-524.

［123］ 张志安. 媒介融合需兼顾政治、商业和公共利益［N］. 光明日报，2014-
12-20（10）.

［124］ 赵春，韩廷俊，万惠琴. "编校合一"模式下社科类学术期刊校对质量控制
［J］. 传播与版权，2017（11）：41-44.

［125］ 郑绥乾. 加强学术期刊质量控制的新思路［J］. 中国科技信息，2013
（1）：107.

［126］ 钟华. 科技期刊的学术质量控制［J］. 国防科技，2010（5）：45-47；61.

［127］ 周白瑜，段春波，于普林. 科技期刊在媒体融合时代面临的机遇与挑战
［J］. 编辑之友，2013（4）：35-37.

［128］ 周黎. 数字科研环境下开放存取学术期刊质量控制研究［J］. 图书馆学刊，
2020（1）：42-45.

［129］ 周振华. 信息化与产业融合［M］. 上海：上海三联书店，上海人民出版
社，2003.7.

［130］ 朱剑. 学术期刊的新媒体转型与融合发展［N］. 光明日报，2014-11-
03（11）.

［131］ 朱进彬. 网络环境下学术期刊质量的提高方式初探［J］. 中国报业，2011
（9）：29-30.

［132］ 朱琳峰，李楠，张婷婷. 学术期刊同行评议的问题及效率与质量提升策略
［J］. 中国科技期刊研究，2021（8）：990-997.

［133］ 朱音，敬甫. 打造国际一流出版传媒企业：专访中国出版集团公司总裁聂
震宁［J］. 中国出版，2010（13）：11-15.

［134］ 祝兴平. 期刊产业数字化传播十年特征解析——基于龙源期刊TOP100十
年数据的分析［J］. 出版发行研究，2015（4）：29-34.

［135］ BLACKMA C B. Convergence between telecommunication and other
media：How should regulation adapt［J］. Telecommunication Policy，
1998，22（3）：163-170.

［136］ COOKE L. A Visual convergence of print，television，and the internet：
Charting 40 years of design change in news presentation［J］. New
Media and Society，2005，7（1）：22-46.

［137］ EDELMAN R. Public relations is the navigator of the media economy
［J］. Journal of Communication Management，2001，5（4）：391-400.

［138］ ERES B K. Information technology： Status，trends and implication

[J]. Electronic Publishing Review，1983（3）：223-242.

[139] EUROPEAN COMMISSION. Green paper on the convergence of the telecommunications，media and information technology sectors，and the implications for regulation towards an information society approach [R]. Brussels：European Commission，1997.

[140] GIBBINS，P. Electronic publishing： The future convergence of many disciplines [J]. Journal of Informational Science，1984，8（3）：123-133.

[141] KAHN A D. The economics of regulation：Principle and institutions [M]. New York：Wiley，1970.

[142] ONO R，AOKI K. Convergence and new regulatary frameworks：A comparative study of regulatory approaches to internet telephony [J]. Telecommunications Policy，1998，22（10）：817-838.

[143] POOL I D S.Technologies of freedom [M]. Cambridge：Belknap Press，1983.

[144] SHIN D H. Technology convergence and regulatory challenge：A case from Korean digital media broadcasting [J]. Info，2005，7（3）：47-58.

索引